06 인지행동치료
스펙트럼 시리즈

COGNITIVE
BEHAVIOR
THERAPIES

메타인지치료

인지행동치료 스펙트럼 시리즈 | COGNITIVE BEHAVIOR THERAPIES 06

메타인지치료

Peter Fisher · Adrian Wells 공저 | 정지현 역

학지사

▬
발간사

　인지행동치료(Cognitive Behavior Therapies)는 견고한 이론적 기반과 풍성한 치료적 전략을 갖추고 있는 과학적으로 검증된 심리치료 체계다. 이론적으로, 인지행동치료는 비록 모든 사람이 타당성이 결여된 비논리적인 생각 혹은 유용성이 부족한 부적응적인 생각을 품을 때가 있지만, 특히 심리장애를 지니고 있는 내담자의 경우에는 왜곡된 자동적 사고가 뒤따르는 감정과 행동과 대인관계에 미치는 역기능이 현저하기 때문에 문제가 된다고 가정한다. 치료적으로, 인지행동치료는 구체적인 문제분석, 지속적인 자기관찰, 객관적인 현실 검증, 구조화된 기술훈련 등을 통해 내담자가 자신의 마음을 바라보고 따져 보고 바꾸고 다지도록 안내하는 일련의 과정으로 진행된다. 인지행동치료자는 내담자가 구성한 주관적 현실을 검증해 볼 만한 하나의 가설로 받아들인 뒤, 협력적 경험주의에 근거하여 내담자와 함께 그 가설의 타당성과 유용성을 검토하는 정교한 작업을 수행한다.

  인지행동치료는 발전을 거듭하고 있다. 인지행동치료는 정신병리의 발생 원인과 개입 방향을 전반적으로 설명하는 총론뿐만 아니라 심리장애의 하위 유형에 따라서 구체적으로 변용하는 각론을 제공하기 때문에 임상적 적응증이 광범위하다. 아울러, 인지의 구조를 세분화하여 자동적 사고 수준, 역기능적 도식 수준, 상위인지 수준에서 차별적으로 개입할 수 있는 위계적 조망을 제시하기 때문에 임상적 실용성이 향상되었다. 또한 변화와 수용의 변증법적 긴장과 균형을 강조하는 현대심리치료의 흐름을 반영하는 혁신적 관점을 채택하기 때문에 임상적 유연성이 확보되었다. 다만 이렇게 진화하는 과정에서 인지행동치료를 협의가 아닌 광의로 정의할 필요가 발생했는데, 이것이 서두에서 인지행동치료의 영문 명칭을 단수가 아닌 복수로 표기한 까닭이다. 요컨대, 현재 시점에서 인지행동치료를 제대로 정의하기 위해서는 내용과 맥락이 모두 확장된 스펙트럼으로 간주하는 것이 바람직하다.

  이번에 출간하는 인지행동치료 스펙트럼 시리즈는 전술한 흐름을 적절히 반영하고 있다. 독자 입장에서는 인지행동치료의 대명사인 Beck(인지치료)과 Ellis(합리적 정서행동치료)의 모형, 성격장애 치료에 적합하게 변형된 Young(심리도식치료)과 Linehan(변증법적 행동치료)의 모형, 제3세대 인지행동치료로 불리는 Hayes(수용전념치료)의 모형 등의 공통점과 차이점을 이론적 및 실제적 측면에서 세밀하게 조명할 수 있는 기회가 될 것이다. 아울러, 메타인지치료, 행동분석치료, 행동촉진치료, 자비중심치료, 마음챙김 인지치료, 구성주의치료 등 개별적으로 더 강조하고 있거나 덜 주목하고 있는 영역을 변별함으로써 임상 장면에서 만나는 다양한 내담자에게 가장 유익한 관점과 전략을 채택하는 데 도움이 되리라 여긴다.

"Beck은 현실에 맞도록 이론을 변화시키려는 경향이 강했다."는 동료들의 전언이 사실이고, 인지행동치료의 기본적 전제를 수용하면서 통합적 개입을 추구하는 심리치료자라면, 인지행동치료 스펙트럼 시리즈에 관심을 보일 만하다.

인지행동치료 스펙트럼 시리즈 역자 대표

유성진

—

역자 서문

  우리가 어떤 시각으로 세상과 자신을 바라보는지에 따라 우리의 삶은 힘겹기도 하고 즐겁기도 하다. 살면서 겪는 다양한 정서적 어려움들을 다루기 위해 인지치료에서 이러한 시각을 변화시키는 데 초점을 맞추어 왔다면, 메타인지치료는 정서적 어려움을 경험할 때 나타나는 인지적 과정, 즉 주의 편향, 걱정과 반추에 초점을 맞추어 왔다. 메타인지치료는 우울하거나 불안할 때 드는 생각의 내용이 아니라 이러한 생각에 대해서 계속 주의를 기울이며 반추하거나 걱정하는 반응패턴이 심리장애를 유지시킨다고 가정한다. 그리고 이러한 인지적 과정에 대해 지니고 있는 긍정적이거나 부정적인 신념, 즉 메타인지적 신념이 이러한 인지적 과정을 지속시키는 데 중요한 영향을 미치기 때문에 이러한 메타인지적 신념을 수정하기 위해 다양한 행동실험과 언어적 재귀인 방법을 사용한다. 주의 편향, 걱정과 반추, 부적응적인 대처행동을 지속시키는 메타인지적 신념을 수정함으로써 자연스럽게 일어날 수 있는 부정적인 생각이나 기억, 침투적 생각에 대해 이후의 인지적 반응이나 대처 반응을 멈추고 단지 마음속의 사건으로 거리를 두고 바라볼 수 있도록 하는 것이 메타인지치료의 핵심적인 치료목표다.

　이 책은 메타인지치료를 전통적인 인지치료와 비교, 대조하면서 메타인지치료의 특징을 설명하고 있다. 또한 메타인지치료를 활용하여 다양한 정서장애, 특히 우울장애와 불안장애를 치료하는 구체적인 기법에 대해 안내하고 있다.

　역자가 알기로는 국내에서 저서나 번역서 어떤 형태로든 메타인지치료를 포괄적으로 설명하는 책은 아직까지 출간된 적이 없다. 역자의 작은 노력이 메타인지치료에 대해 상세하게 알고 싶은 연구자 혹은 치료자에게 조금이라도 도움이 되기를 소망한다.

　끝으로 이 책이 출판될 수 있도록 지원해 주신 학지사 김진환 사장님과 편집을 맡아 주신 김순호 부장님께 깊은 감사의 마음을 전한다.

2016년 9월
정지현

▬
서 문

    Adrian Wells가 심리장애를 겪고 있는 환자들의 공통된 처리 과정을 규명한 이후 메타인지치료가 시작되었다. 주의 편향에 대한 실험연구 결과를 설명하고, 이러한 결과를 특정한 처리 방식을 대처 수단으로 가지고 있는 환자들에 대한 임상적 관찰과 통합하면서 이 접근법이 시작된 것이다. 이러한 처리 과정은 지나친 자기 초점적 주의, 주의 편향, 걱정과 반추를 가지고 있다.

    1980년대 후기와 1990년대 초기에는 주의 편향과 걱정이 자동적 과정이라는 견해가 우세하였으며, 기분장애와 불안장애가 특정한 사고방식보다는 부정적 사고의 내용과 관련이 있다는 것이 밝혀졌다. 이러한 설명과 반대로, Wells와 동료들(예: Wells & Matthews, 1994)은 주의 편향과 걱정이 주로 위협을 평가하고 위협에 대처하려는 의식적 전략과 관련되는 것으로 여겼다. 게다가 심리장애를 유발하는 데 있어서 사고의 내용은 사고방식과 통제보다 덜 중요한 것으로 여겼다. 메타인지치료에서는 내용이 중요하다. 그러나 이는 보통의 인지의 내용이 아니라 메타인지의 내용이다.

    실험연구 결과를 임상적 관찰과 통합하려고 시도한 결과, 심리장애에 대한 정보처리 모델, 자기조절적 실행기능 모델(S-REF, Wells & Matthews, 1994)이 나타났다. 자기조절적 실행기능 모델은 장애 특정적인 메타인지 모델의 포괄적인 토대이자 메타인지치료의 근간이 된다.

이 책은 메타인지치료의 핵심적인 이론적 특징과 실제적 특징을 기술하고, 이러한 접근법을 인지행동치료와 대조하고 있다. 두 접근법 모두 인지를 다루지만, 인지가 장애를 어떻게 유지시키는지에 대해서 서로 다르게 설명하고, 사고의 서로 다른 측면에 초점을 맞춘다. 특히 메타인지치료는 사람들이 무엇을 생각하는지가 아니라 어떻게 생각하는지가 중요하다고 주장한다.

차 례

1부

메타인지치료의 독특한 이론적 특징

$2_{부}$

메타인지치료의 독특한 실제적 특징

1부

메타인지치료의 독특한 이론적 특징

01

메타인지에 초점 맞추기

메타인지는 특정 범주의 사고와 인지를 가리키는 데 사용되는 용어다. 이것은 기본적으로 생각(cognition)에 적용되는 생각이다. 생각하는 것은 생각을 감시하고 통제하는 메타인지 요인을 필요로 한다. 예를 들면, 새로운 전화번호를 기억하는 과정은 기억을 수정하는 데 사용할 수 있는 전략(예: 반복적인 연습)에 대한 지식의 영향을 받는다. 기억하려면 연습 전략을 시작하고 조절해야 하며, 연습을 멈추어야 할 때는 점검(monitoring)에 의존한다. 게다가 그 후에 필요하면 숫자의 인출을 야기하는 정보에 접근할 필요가 있다. 이러한 작은 예에서, 기억 행위는 기억을 가능하게 하는 다양한 측면의 메타인지를 필요로 한다. 이 예를 넘어서, 메타인지는 심리장애를 유지하는 역기능적 사고를 포함해서 생각을 멈추고, 계속하고, 수정하는 데 수반된다.

인지행동치료(CBT; Beck, 1976), 합리적 정서행동치료(REBT; Ellis, 1962)와 같은 전통적인 인지 초점적 치료는 생각의 통제보다는 인지 편향과 왜곡된 신념이나 비합리적 신념의 역할을 강조한다. 게다가 이들은 세상, 사회적 자기, 신체적 자기에 대한 신념과 같은 메타인지 영역 밖의 신념들이다. 예를 들면, Beck(1976)은 부정적인 자동적 사고에서 분명히 나타나는 인지적 왜곡으로 자의적 추론(성급하게 결론 내리기), 파국화, 개인화를 기술하였다. 이들은 메타인지치료(MCT; Wells, 2000)에서 가장 중요하게 여기는 사고방식과는 다르다. 메타인지치료에서 부적응적 사고방식은 언어적 개념 활동이 우세한 것을 가리키며, 이는 통제하기가 어렵고 걱정과 반추의 형태로 나타난다. 이 사고방식은 정보를 곱씹고 분석하는 확대된 형태로, 내용과 별개로 확인할 수 있다.

자신과 세상에 대한 광범위한 신념에 초점을 맞추고 메타인지에 대해서는 별로 언급하지 않는 표준 인지행동치료와 반대로, 메타인지치료는 심리장애에서 메타인지와 메타인지적 신념에 핵심적 역할을 부여한다. 인지행동치료와 달리, 메타인지치료는 왜곡된 인지(즉, 사고)와 대처 행동이 보통의 신념에서 나온다고 가정하지 않으며, 사고 과정에 영향을 미치는 메타인지의 결과로 사고 패턴이 나타난다고 명시한다.

메타인지치료가 출현할 때까지 메타인지에 대한 연구는 주로 발달심리학과 인간 기억 연구 분야로 한정되어 있었다. 그러나 Wells와 Matthews(1994, 1996), Wells(2000)가 분명하게 메타인지를 핵심 위치에 두는 일반 정신병리 이론을 발전시켰다. 이러한 접근을 통해 사람들이 생각을 경험하고 통제하는 방식과 인지에 대해 가지고 있는 신념을 변화시키는 것을 목적으로 하는 메타인지치료가 발전하게 되었다. 메타인지치료는 사회적 자기, 신체적 자기에 대한 신념과 생각이나, 타인과 환경에 대한 생각과 신념에 초점을 두지 않기 때문에 초기의 인지행동치료와 다르다. 대신에 메타인지치료는 현실에 대한 잘못된, 도움이 되지 않는 관점을 반복적으로 야기하는 인지와 정신적 과정에 대해 사람들이 반응하는 방식을 다룬다. 예를 들어, 인지치료에서 치료자는 "당신이 실패할 것이라는 증거가 무엇입니까?"라고 질문함으로써 실패에 대한 환자의 인지를 다루지만, 메타인지치료자는 "실패에 대해 걱정하는 것은 무슨 소용이 있습니까?"라고 질문한다. 메타인지치료에서 목표는 편향된 실패 지향적 처리를 도와주는 사고 과정과 이런 종류의 인지에 대해 나타나는 유용하지 않은 반응의 특성을 수정하는 것이다.

모든 인지 이론과 메타인지 이론처럼 심리장애에서 인지가 편향되어 있다고 가정한다면, 편향을 다루기 위해서 편향의 근원을 확인하는 것이 필요하다. 인지행동치료, 합리적 정서행동치료, 메타인지치료에서 강조되는 편향의 특성은 다르다. 앞의 두 접근에서 편향은 도식 혹은 비합리적 신념, 아니면 부정적인 자동적 사고의 내용에 있다. 반대로, 메타인지치료에서 편향은 생각하는 방식에서 나타나며, 이는 처리 과정을 안내하는 정보와 계획이나 프로그램으로 저장된 메타인지 지식에서 유래한다.

메타인지치료 접근은 심리장애가 걱정과 반추의 형태로 나타나는 반복적이고 순환적인 생각과 관련되고, 주의를 위협에 고

정시키는 특정한 사고방식과 관련된다고 제안한다. 그러므로 처리 과정에서 편향은 개인이 무엇을 생각하는지보다 어떻게 생각하는지에 있다. 걱정과 반추의 내용은 개인 내 변화가 클 수 있지만, 과정 그 자체는 변함없는 변인이다. 이 과정은 개인의 메타인지에서 생겨나며, 메타인지에 의해 통제된다.

이러한 주장과 반대로, Beck(1976)의 도식 이론은 보다 전반적인 신념에 의해 인지의 통제가 이루어지며 전반적인 신념이 편향을 일으키는 것으로 생각한다. 하지만 이 편향은 방식의 편향이라기보다는 내용의 편향이다. 초기의 접근들은 메타인지에 책임이 있다고 보거나 서로 다른 사고방식을 구분하지 않았기 때문에 이러한 중요한 측면에서 메타인지치료는 독특하다고 할 수 있다.

02

심리장애에 대한 정보처리 모델

　메타인지치료는 심리장애의 원인과 유지에 개입된 요인에 대해 정보처리 모델에 기반을 두고 있다. 자기조절적 실행기능 모델이라고 불리는 모델은 원래 Wells와 Matthews(1994)가 제안했으며, 이후에 정교화되었다(Wells, 2000, 2009). 모델의 이름이 내포하듯이, 이 모델은 하향식 혹은 의식적 과정과 자기조절 전략의 관점에서 심리장애를 설명한다. 이 모델에 따르면, 생각하는 방식이나 생각과 정서, 스트레스에 대처하는 방식이 역효과를 낳고, 정서적 고통을 강화시키고 유지시킨다. 이 모델은 인지심리학에서 주의의 통제 수준 간의 차이에 의지한다. 이 모델은 심리적 장애가 주로 생각과 위협, 정서를 평가하고 이에 대처하는 통제된 과정을 선택하고 실행하는 데 있어서의 편향과 관련되어 있다고 가정한다. 위협과 도전에 대한 반응으로 나타나는 개인의 사고 전략과 자기조절 전략이 정서적 괴로움을 연장시키거나 일시적으로 더 많은 정서 반응을 일으킬 수 있다. 개인의 사고방식과 대처방식이 의도하지 않게 정서 반응을 지속시키고 강화시킬 때 심리장애가 생겨난다. 심리장애는 주로 정서를 연장시키는 확장된 사고의 결과로 나타난다. 또한 심리장애에서 부정적 사고를 확대시키는 원인으로 '인지적 주의 증후군'이라고 불리는 특정한 사고 패턴이 있다.

인지행동치료와 달리 메타인지치료는 심리적 문제를 자동적 처리에서의 편향이나 도식의 내용과 연결시키지 않으며 심리적 문제의 원인이 개인의 의식적 전략에 있다고 본다. 예를 들면, 정서 스트룹 과제에서 관찰되는 바와 같이 주의 편향은 도식의 활성화나 자동적 처리에 원인이 있다기보다는 개인의 전략선택에 원인이 있는 것으로 생각한다. 심리장애에서 환자들은 대처 수단으로 위협의 원천에 대해 주의를 유지하고 걱정에 기반해서 처리하는 전략을 가지고 있다. 스트룹과 같은 여과 과제는 처리 전략의 이러한 측면에 민감한 것으로 생각된다(Wells & Matthews, 1994).

자기조절적 실행기능 모델은 세 가지 기본적인 인지 수준, 즉 의식이 최소한으로 개입되거나 전혀 개입되지 않고 진행되는 반사적이고 자동적인 과정의 수준에 기초한다. 이러한 과정은 의식에 침투 사고를 만들어 내고, 이는 주의를 빼앗는다. 다음 수준은 온라인 형태의 처리 과정으로, 의식적이며 용량이 제한되어 있고 평가와 행동을 조절하고 실행하는 데 책임이 있다. 마지막 수준은 장기 기억에서 지식으로 저장된다. 온라인 처리 과정의 활동이 즉각적으로 실행되기 위해서는 저장된 지식에 접근할 필요가 있다. 온라인 처리 과정은 특성상 메타인지적인 지식이나 신념에 의해 안내를 받는다. 이러한 수준 중에서 두 가지 인지 영역, 즉 메타인지 영역과 인지 영역이 중요하다. 인지의 전체적인 구조 혹은 구성이 전통적인 인지행동치료와 다르다. 이 모델은 인지의 통제 수준을 설명하고 사고의 내용과 생각의 조절을 구분하는데, 전통적인 접근에서는 이를 구분하지 않기 때문이다.

인지행동치료에는 역동적인 상호작용을 하는 주의의 수준이 없다. 대신에 부정적인 자동적 사고와 신념 혹은 도식을 구분하며, 이러한 인지 요소들이 있다. 인지행동치료에서 도식은 '나는 가치 없어.' 혹은 '나는 미쳐 가고 있어.'와 같은 생각과 유사한 기억 구조로, 이들은 심리장애의 배후로 여겨지는 신념이다. 이러한 신념이 실제로 어떻게 생각을 통제하는지는 분명하지 않다. 메타인지치료에서 이와 같은 신념은 처리 과정의 결과로 여길 수 있으며, 중요한 것은 이러한 개념들을 확장하고 반복적으로 만들어 내는 사고방식과 메타인지다.

전통적인 인지행동치료는 자동적인 처리 과정이나 통제된 처리 과정을 구분하지 않으며, 정신장애에서 보이는 평가 유형이나 자기조절적 반응을 일으키는 요인들을 고려하지 않는다. 예를 들면, 장애가 부정적인 자동적 사고, '나는 죽어 가고 있어.' 혹은 '나는 실패자야.'와 같은 빠르게 지나가는 부정적 평가와 관련이 있는 것으로 가정한다. 하지만 메타인지치료는 이런 유형의 평가를 비교적 정상적이고 일시적으로 일어나는 것으로 본다. 그것은 장애의 원천이 아니다. 대신에 자기조절적 실행기능 이론은 심리장애가 발생할지 아닐지를 결정하는 것은 개인이 이런 생각에 반응하는 방식이라고 주장한다. 유사하게, 신념이나 도식은 장기 기억에 저장되는 것으로 여기지 않고, 그저 분명하게 유발되어서 개인이 타당하다고 평가하는 생각의 또 다른 예로 여긴다. 따라서 메타인지치료에서 신념은 현재 활성화된 하나의 생각이며, 생각의 타당도를 평가한 것이다.

신념은 온라인 처리 과정의 산물이다. 생각의 내용이 잘못된 것일 수 있지만 생각이 일어나는 처리 과정의 양식 때문에 개인은 마치 생각이 현실을 직접적으로 판독한 것처럼 행동한다. 따라서 메타인지치료에서 중요한 것은 신념이나 생각의 내용뿐만 아니라 개인이 그 생각에 반응하는 방식과 개인의 처리 양식이다. 우리는 양식 개념에 대해 5장에서 살펴볼 것이다.

장애에서 생각이나 신념의 내용이 특별히 중요하지 않을 수 있다는 생각을 설명하기 위해, 똑같은 경험을 하고 똑같은 부정적 생각이나 신념을 가지고 있는 두 사람을 생각해 보자. 그들이 시험에 실패한 학생이고, 실패가 '나는 실패자야.'라는 생각 혹은 신념을 활성화시켰다고 가정해 보자. 한 학생은 우울해지고, 다른 학생은 짧은 실망만을 경험한다. 그들이 동일한 경험과 부정적인 자동적 사고를 가진다면, 어떻게 이럴 수 있을까? 전통적인 인지행동치료는 부정적인 자동적 사고와 신념의 내용에 중점을 두기 때문에 이 질문에 대답할 수 없다.

메타인지치료는 이 난제에 대답을 제공한다. 정서적 결과와

안녕에 미치는 장기적인 결과를 결정하는 것은 생각 그 자체가
아니라 생각에 대한 반응(혹은 신념에 대한 반응)이라고 말한다.
어떤 사람들은 다른 사람들보다 더 회복력이 있는데, 이는 아마
도 그들이 부정적 사고와 정서에 대한 반응이 좀 더 유연하기 때
문일 것이다. 그들은 반응에 대해 유연한 통제를 유지하며, 정서
적 고통을 연장시키는 부정적 정보에 대한 지속적인 처리 패턴
에 얽매이지 않는다. 지속되거나 확대되는 개념적 처리를 중단
하고 빠져나오는 능력뿐만 아니라 해마와 같은 낮은 수준의 처
리 구조의 활동을 조절하는 능력이 이런 유연성에 포함된다.

자기조절적 실행기능 모델에서는 생각, 정서, 위협에 대해 계
속해서 반응하고 유연하지 않게 반응하는 특정 방식이 괴로움을
연장시키고 강화한다. 이런 방식을 '인지적 주의 증후군'이라 부
른다.

03

인지적 주의 증후군

자기조절적 실행기능 이론과 메타인지치료에 따르면, 특정한 사고방식, 부정적인 생각과 위협에 대한 대처방식이 모든 심리장애의 근본적인 특징을 가지고 있다. 인지적 주의 증후군이라 불리는 이 방식은 걱정과 반추의 형태로 나타나는 지속적인 사고, 위협의 원천에 주의의 초점을 맞추기, 생각과 감정에 대한 효과적인 자기조절과 교정적 정보의 학습을 방해하기 때문에 역효과를 낳는 대처 행동으로 구성된다. 2장에서 소개한 시험에 낙방한 학생의 예로 되돌아가면, 우울해진 사람은 실패한 이유, 그 일이 왜 지금 일어났는지, 과거에 왜 일어났는지, 이것이 자신의 능력에 대해 무엇을 의미하는지에 대해 곰곰이 생각하였다. 이런 형태의 개념적 분석이 반추이며, 반추는 부정적인 생각과 감정을 연장시키고 강하게 만든다. 그 일이 왜 일어났는지, 어떤 의미인지를 분석하는 데 초점을 맞춘다. 하지만 잘못된 이해를 추구하기 때문에 유용한 해결책을 만들어 내지 못하고, 정서 처리에 대한 보다 적응적인 통제력을 발휘하지 못한다. 보다 적응적인 해결책은 우울해지지 않은 학생의 반응으로 나타날 수 있다. 이 사람은 짧은 기간 동안 되씹어 보고 나서, 다음에 수행을 향상시킬 방법에 초점을 맞추는 것이 가장 좋다고 결정을 내린다. 사실 이 학생은 반추에 대해 통제력을 발휘하였으며, 실패자라는 생각/신념에 대해서 다른 전략을 활성화한 것이다.

반추는 대개 과거 초점적이다. 반대로, 인지적 주의 증후군의 일부로 반추와 유사한 개념적 과정인 걱정은 주로 미래 지향적이다. 각 과정을 구분하는 쉬운 방법은 반추는 '왜'라는 질문에 대한 답을 찾는 것인 반면, 걱정은 '~라면 어떡하지?'라는 질문에 대한 답을 찾는다는 것이다. 걱정은 위협을 예상하고 위협에 대처하거나 피하는 방법을 만드는 것과 관련된다. 그래서 '면접에서 떨어지면 어떡하지?'와 같이 빠른 부정적인 생각을 가진 다음에, 이 생각에 대한 반응으로 계속해서 걱정할 수 있다. 걱정은 다양한 위협 사건과 이를 다루는 방법을 생각하는 생각의 사슬이다. 걱정의 연쇄는 '면접에서 떨어지면 어떡하지 ……더 잘 준비해야 하는데 ……하지만 제대로 준비 못하면 어떡하지 ……무엇을 준비해야 하지 ……맞아, 직무 내용을 자세히 볼 거야 ……하지만 내 약점에 대해 질문하면 어떡하지 ……이전 직장을 그만둔 것에 대해 말해야 하나 ……내가 적합하지 않다고 생각하면 어떡하지 ……무슨 말을 해야 하지 ……말을 잘못 하면 어떡하지 ……너무 많이 긴장하면 어떡하지 …… ?'와 같이 진행된다.

부정적인 생각이나 감정에 대한 반응으로 걱정을 하는 것의 문제는 걱정이 다양한 위험을 생성해 내고, 위험하다는 느낌을 증가시키며, 이로 인해 불안해지거나 존재하던 불안 반응이 유지된다는 것이다. 걱정과 반추는 저수준의 처리 과정에 다른 영향을 미친다. 특히 외상후 스트레스 장애에 대한 메타인지 모델(Wells, 2000; Wells & Sembi, 2004a)에서 걱정과 반추는 외상 후에 내재된 정상적인 회복 과정을 방해하는 것으로 여긴다. 이는 부분적으로는 뇌의 정서처리 네트워크의 활동에 대해 적절한 하향 통제를 실행하지 못하기 때문이다. 대신에 통제에 필요한 자원이 걱정과 반추라는 정서적 부담이 있는 과정으로 전용되며, 걱정과 반추는 정서적 네트워크의 활동을 민감하게 하거나 유지한다.

인지적 주의 증후군은 걱정과 반추뿐만 아니라 위협을 탐지하는 주의 전략으로 구성된다. 이는 위협적인 자극에 주의를 고정시키는 것을 의미한다. 보통 심리장애에서 위협 자극은 생각, 신체 감각 혹은 정서와 같은 내적 반응이다. 예를 들면, 강박적인 환자에게 어떤 금지되거나 위험한 생각이 나타나는지를 점검한다. 오염에 대한 두려움이 있는 사람은 미심쩍은 얼굴로 바닥의 얼룩을 찾아본다. 건강 불안이 있는 사람은 질병의 신호가 있는지 신체를 체크한다. 사회공포증이 있는 사람은 자신이 생각하기에 다른 사람에게 어떻게 보일지를 관찰한다. 각 사례에서, 위협 탐지는 부정적인 정보에 대한 접근을 증가시키고, 위협감을 유지시킨다.

인지적 주의 증후군의 다른 중요한 측면은 두려워하는 상황의 회피, 안심 구하기, 생각을 통제하려고 노력하기, 음주나 약물 사용, 중화 행동과 자기 처벌 같은 유용하지 않은 대처 행동이다. 이러한 전략은 타인에게 미치는 부정적인 영향, 잘못된 생각을 교정할 수 있는 정보에 노출되는 것을 막는다는 사실, 그들 중 일부는 정상적인 인지 과정과 생물학적 과정을 방해한다는 사실을 포함해서 다양한 이유로 역효과를 낳는다.

특정한 사고방식(인지적 주의 증후군)을 확인하는 것은 메타인지치료를 다른 유형의 인지행동치료와 구분한다. 왜냐하면 메타인지치료는 생각의 내용보다는 과정에 더 관심이 있기 때문이다. 메타인지치료에서, '나는 실패자야.'와 같은 생각의 내용에 도전하는 것은 필요하지 않으며, 오히려 인지적 주의 증후군을 막으면서 그 생각과 대안적인 관계를 발전시키도록 돕는 것이 필요하다.

메타인지치료의 추가적인 독특한 특징은 장애에 기여하는 인지 유형을 구분하는 데 사용되는 세부적인 수준이다. 메타인지치료는 부정적인 자동적 사고를 오래 지속되는 걱정이나 반추의 유발인으로 여기며, 이러한 이후의 과정이 장애의 보다 근접적인 원인이다. 인지행동치료나 합리적 정서행동치료 접근에서는 다양한 사고에 대해 이러한 구별을 하지 않았다. 게다가 메타인지치료에서 심리장애는 의식의 주변부에서 일어날 수 있는 간단한 사고, '자동적 사고'가 아니라 지속되는 처리 과정과 관련이 있다.

메타인지치료가 구별되는 더 중요한 이론적 특징은 4장에서 인지적 주의 증후군을 일으키는 기저의 심리적 요인들을 고려하면서 살펴볼 것이다.

04

메타인지 신념

메타인지치료는 심리적 고통의 발달과 유지에서 메타인지 신념을 중시한다. 메타인지치료는 비교적 작은 특정한 범위의 신념이 거의 모든 병리를 설명할 수 있다고 주장한다. 이것은 많은 유형의 도식이나 비합리적 신념이 있는 인지행동치료와 합리적 정서행동치료와는 다르다. 도식 이론에서는 환자의 현재 문제에 맞추어야 할 때마다 새로운 도식이 개념화된다.

메타인지치료에서는 부정적인 메타인지 신념과 긍정적인 메타인지 신념이 중요하다(이러한 신념의 수정은 21장과 22장에서 논의된다). 다른 접근들은 메타인지 신념을 개념화하지 않으며, 중요한 것으로 분류하지 않는다. 긍정적인 신념은 걱정하기, 반추하기, 위협 탐지, 인지를 통제하는 것의 장점에 관한 것이다. 예를 들면, '미래에 대해 걱정하는 것은 내가 항상 준비되어 있다는 의미다.'는 긍정적인 메타인지 신념이다. 이러한 긍정적인 메타 신념 외에 부정적인 메타 신념 역시 중요하게 여긴다. 이러한 신념은 생각의 통제 불가능성, 생각의 중요성 혹은 위험한 결과에 관한 것이다. 부정적인 메타인지의 예는 'X에 대해 생각하는 것은 나를 미치게 만들 것이다. 나는 걱정에 대해 아무런 통제력이 없다.'이다.

이러한 메타인지 신념은 걱정에 기반을 둔 반복적인 사고방식이나 반추적 사고방식, 위협 탐지를 지지하기 때문에 인지적 주의 증후군을 일으킨다. 또한 생각을 억제하려는 시도와 같이 유용하지 않은 인지적 자기조절 패턴을 야기할 뿐만 아니라 걱정, 반추와 같이 통제할 수 있는 정신적 과정에서 벗어나지 못하게 막는다(예: '당신이 걱정이 통제 불가능하다고 믿는다면, 당신은 걱정을 멈추려고 시도할까요?').

이미 명시된 영역 내의 서로 다른 메타인지 신념이 특정 장애에서 두드러지는 것으로 생각된다. 범불안장애에서 메타인지 모델(Wells, 1995)은 걱정의 통제 불가능성과 걱정이 신체 기능과 심리사회적 기능에 미치는 위험에 대한 부정적 신념을 특히 중요시한다. 이러한 부정적인 메타인지 신념을 가지고 있다는 사실에도 불구하고, 환자들은 걱정이 위협을 예상하고 대처 전략을 계획하게 하는 데는 이롭다는 보다 정상적인 신념도 가지고 있다. 메타인지치료는 걱정에 대한 부정적인 메타인지 신념을 중요시하고, 범불안장애의 병인론과 치료에서 걱정이 통제 불가능하고 위험하다고 부정적으로 평가하는 것의 역할을 강조한다는 점에서 독특하다.

강박장애에 대한 메타인지 모델(Wells, 1997, 2000)에서 메타인지 신념은 침투적인 사고를 하는 것의 중요성, 의미, 위험에 관한 것이다. 이러한 신념은 사고-행위 융합('다리에서 뛰어내리는 생각을 하는 것은 내가 그렇게 하게 만들 거야.'), 사고-사건 융합('배우자가 사고를 당할 거라고 생각하는 것은 그 일이 일어날 가능성을 더 크게 만들 거야.'), 사고-대상 융합('나의 나쁜 생각은 내가 가진 가장 좋은 소지품을 더럽히고 망가트릴 수 있어.')의 영역에 있다. 생각에 대한 융합 관련 신념 외에도, 이 모델에서는 생각에 대해 특별한 방식으로 반응하고 의식을 수행할 필요가 있다는 신념 역시 중요하다. 메타인지치료는 특히 다양한 융합 관련 신념을 확인하고 여기에 초점을 맞춘다는 점에서, 그리고 의식(rituals)에 대한 신념을 확인한다는 점에서 독특하다.

메타인지 신념과 유사해 보이는 개념이 강박장애에 대한 특정 인지 이론에서도 나타나지만, 실제로 중첩된다기보다는 표면적인 공통점이다. 예를 들면, Salkovskis(1985)는 강박장애에 대한 인지 모델을 제시하였는데, 이 모델에서는 강박장애가 있는 사람들이 침투적 사고를 자신이 피해를 야기하였거나 예방할 책임이 있다는 신호로 해석한다고 본다. 하지만 책임감은 그러한 평가의 바탕이 되는 메타인지의 특성을 구체적으로 정의하거나 기술하지 못하는 매우 광범위한 개념이다. Rachman(1997)은 책임감 개념을 정교화하면서, 사고-행위 융합의 형태로 나타나는 인지적 왜곡의 역할을 논의했다. 이는 두 가지 형태, 즉 가능성과 도덕성 사고-행위 융합으로 나타난다. 가능성은 생각을 갖는 것이 사건이 일어날 가능성을 높인다는 생각을 말하고, 도덕성은 생각을 하는 것이 원하지 않는 행위를 하는 것과 도덕적으로 동일한 것이라는 생각을 가리킨다. 이러한 개념들은 메타인지적 현상을 가리키지만, 그것들을 왜곡으로 여긴다. 강박장애의 메타인지 이론에서 융합이라는 명명을 포함시키고 있지만, 융합은 앞에서 서술한 바와 같이 일련의 신념들(사고–사건 융합, 사고–대상 융합, 사고–행위 융합)로 개념화되며, 도덕성 차원에는 아무런 역할도 주어지지 않는다. 따라서 Rachman의 융합 개념과 메타인지 이론의 신념 간 약간의 중첩이 있는 것으로 볼 수 있지만, 강박장애 이론에서의 과장된 책임감 개념과는 거의 혹은 전혀 중첩되지 않는다.

외상후 스트레스 장애에 대한 메타인지 모델(Wells, 2000; Wells & Sembi, 2004a)은 긍정적인 메타인지 신념이 외상에 대해 반복적으로 생각하고, 미래의 외상에 대해 걱정하며, 위협에 주의의 초점을 맞추고, 침투적인 사고를 억제하는 것의 필요성과 관련되어 있다는 생각에 기초한다(예: '미리 대비하기 위해서는 미래에 있을 비슷한 사건에 대해 걱정해야만 해'). 게다가 침투적 사고와 기억과 같은 증상의 의미와 결과에 대한 부정적 신념도 있다(예: '계속 이런 식으로 생각하면, 나는 미쳐 버릴 거야'). 이러한 메타인지는 외상을 계속해서 재생시키며, 위험하다는 느낌과 불안 증상을 유지시키는 방식으로 위협에 대한 주의를 증가시킨다. 따라서 생각은 보통의 외상 전 방식으로 저절로 되돌아가지 못한다. 다른 어떤 이론이나 모델도 외상후 스트레스 장애에서 메타인지 신념이 원인임을 보여 주지는 않았다. 더구나 메타인지치료는 인지적 주의 증후군과 이와 관련된 메타인지 신념을 수정하는 데 초점을 두는 반면, 다른 인지행동치료 접근은 외상 기억의 특성을 수정하는 데 초점을 맞춘다.

우울증에 대한 메타인지 모델(Wells, 2009; Wells & Papageorgiou, 2004)은 슬픔과 부정적인 생각에 대한 반응으로 반추가 활성화되고 부적응적인 대처 행동을 하기 때문에 우울증이 나타난다고 제안한다. 반추는 슬픔이나 우울의 원인과 의미에 대해 계속해서 부정적으로 생각하는 것으로 이루어진다(Nolen-Hoeksema, 1991; Nolen-Hoeksema et al., 1993). 이러한 과정은 반추의 장점에 대한 긍정적인 메타인지 신념(예: '내가 왜 기분이 슬픈지 생각하는 것은 내가 회복하는 데 도움이 될 것이다.')과 우울한 생각과 경험의 통제 불가능성과 관련된 부정적인 신념(예: '나는 우울한 생각을 전혀 통제할 수 없어. 그것들은 질병의 신호야.')과 관련되어 있다. 이러한 신념들로 인해 반추적인 사고방식을 지속하게 되고, 슬픔에 대해 개념적 활동을 적게 하고 행동을 늘리기보다는 반추 초점적인 반응을 선호하게 된다. 우울증에 대한 Beck의 도식이론(Beck et al., 1979)과 메타인지치료 접근 간에는 현저한 차이점이 있다. 도식 이론에서 강조되는 신념은 부정적인 인지 삼제 개념의 영역에 속한다. 그 신념들은 자신, 세상, 미래에 대한 부정적 신념으로 구성된다. 이러한 신념은 메타인지 모델의 특징이 아니며, 반추의 내용이나 결과로 볼 수 있다. 메타인지치료만이 반추에 대한 신념이 근본적인 역할을 한다고 본다.

사회공포증, 공황장애 같은 장애에서도 유사하게 메타인지 신넘은 걱정이나 반추가 계속되도록 활성화하고 위협에 주의의 초점을 맞추게 하는데, 그 이유는 걱정이나 반추에 장점이 있다고 믿기 때문이다. 하지만 각각의 경우에서 이러한 사고 과정이 통제 불가능하다는 신념 역시 가지고 있다. 이러한 신념들은 인지적 주의 증후군이 지속되고 고통이 유지되며 강해지는 데 기여한다. 예를 들면, 사회공포증이 있는 사람은 좋은 결과를 보장하는 수단으로써 가능한 실수에 대해 걱정하거나 미래에 우호적인 인상을 만들어 내는 것에 대해 걱정하는 것이 유용하다고 믿는다. 하지만 그런 걱정은 종종 통제 불가능한 것으로 평가되며, 이러한 신념들이 그 활동을 계속 하고 높은 수준의 불안을 경험하는 데 기여한다.

앞서 기술한 분석에서, 신념에 대한 메타인지적 접근과 도식이나 비합리적 신념이라는 개념에 기초한 인지 이론 간의 주된 차이점이 존재한다는 결론이 나온다. 합리적 정서행동치료는 주로 수용, 관계, 개인적 수행의 사회적 영역과 관련된 구체적인 신념을 확인한다. 도식 이론은 제시된 장애에 가장 잘 맞는 것처럼 보이는 무제한의 신념을 가정한다. 반대로, 메타인지치료는 모든 장애가 생각에 대한 더 높은 수준의 메타인지 신념과 관련이 있을 수 있으며, 이들은 내용상 긍정적인 범주와 부정적인 범주로 나뉜다고 제안한다. 부정적인 범주는 통제 불가능성과 위험의 내용으로 나눌 수 있으며, 긍정적인 영역은 걱정, 반추, 위협 탐지적 주의 전략의 장점에 관한 것이다. 이러한 신념 영역은 다른 인지행동치료나 새로운 치료 흐름에 특별히 포함되지 않는다.

게다가 메타인지치료는 인지의 통제 불가능성과 위험에 대한 메타인지 신념이 대부분의 심리장애에 존재한다고 명시한다.

지금까지 우리는 언어적 명제로서 신념을 기술해 왔지만, 인지행동치료나 합리적 정서행동치료와 달리 메타인지치료는 신념이 사실 이런 식으로만은 잘 개념화되지 않는다고 말한다. 신념들은 과정이나 처리 계획으로 존재하는 것으로 여긴다(Wells & Matthews, 1994). 따라서 '나는 무가치해.'와 같은 인지적 신념은 처리 과정을 통제하는 메타인지 계획의 결과일 수 있다. 계획이나 프로그램은 어떤 상황에서 반복적으로 이러한 결과를 만들어 낸다. '미래에 문제를 피하기 위해서는 걱정해야만 해.'와 같은 메타인지 신념은 걱정하는 과정을 지지하는 프로그램이 있다는 표시다. 그러므로 치료에서 단순히 이러한 결과물이나 겉으로 드러난 신념에 도전하는 것이 아니라 계획 그 자체를 수정할 필요가 있다. 그 결과, 메타인지치료는 계획이 활성화되는 문제 상황에서 주의의 초점, 사고방식, 대처 방법과 같은 처리 방식을 수정하는 과정을 포함한다. 이런 식으로 반응의 유연성을 증가시키며 처리 과정을 통제하는 새로운 계획이 개발될 수 있으며, 이전의 사고 패턴을 중단시킬 수 있다.

주의와 자각을 조절하고 생각과의 관계를 변화시키는 경험적 연습이 문제 상황으로 유발된 내적 사건에 반응하는 새로운 계획을 확립할 수 있도록 도와준다. 다시 말하면, 암묵적인 메타인지 지식, 즉 계획이 처리 과정을 통제하며, 치료에서 이러한 계획을 개념화하고 다룬다. 치료는 언어적 도전이 아니라 인지를 다르게 사용하는 경험적 전략을 통해서 제공된다. 예를 들면, 외상 치료에서 치료자는 환자에게 침투적 사고에 관여하지 말고 생각이 자유롭게 오가도록 놔두라고 요청하며, 불안 유발 상황에서 환자가 잠재적인 위험보다는 무해하거나 안전과 관련된 정보에 주의의 초점을 맞추도록 돕는다.

05

대상 양식과 메타인지 양식

메타인지치료의 독특한 이론적 특징은 인지가 인지체계와 메타인지체계로 나뉠 수 있으며, 처리 과정이 특성상 인지적이거나 메타인지적일 수 있다고 보는 것이다. 이러한 구분은 생각을 서로 다른 양식에서 경험할 가능성을 제기한다. 생각은 실제로 일어나는 사건과 구별할 수 없는 외적 사건으로 경험할 수 있다. 혹은 단지 마음속의 사건으로 경험할 수 있다. 메타인지치료에서 생각을 경험하는 전자의 양식은 대상 양식이라 불리는 반면, 후자는 메타인지 양식이라 불린다(Wells, 2000). 예를 들면, 오염 강박사고로 괴로운 사람이 공공장소에서 얼룩을 접하면 반복적으로 '대변으로 오염되어 있어.'라는 생각을 한다. 이 사람은 대상 양식에 있고, 생각과 얼룩에 대한 지각을 변별하지 않는다. 메타인지 양식에서 이 사람은 생각을 인식하고, 이를 얼룩과 별개로 마음속의 생각으로 본다. 이런 식으로 어디에나 있는 오염의 문제가 생각에 너무 많은 중요성을 부여하고 생각을 현실과 융합하는 문제로 변형된다.

개인이 '나는 쓸모없어.'와 같은 부정적 사고나 신념을 경험할 때 대개 대상 양식으로 경험한다. 이 생각은 하나의 직접적인 자료로 여기기 때문에 이 사람은 왜 무가치한지, 어떻게 하면 좀 더 많은 가치를 얻을 수 있는지를 분석하여 이 생각에 반응할 가능성이 크다. 하지만 이 신념은 메타인지 양식에 있는 사람도 경험할 수 있다. 메타인지 양식에서는 신념에서 한 발 물러서서 마음속에 있는 생각으로 본다. 이러한 양식의 변화는 부정적인 생각에 반응할 때 유연성을 증가시키는 소중한 원천으로 생각되며, 인지적 주의 증후군의 특징인 습관적인 사고패턴의 활성화를 막을 수 있다. 다른 형태의 인지행동치료에도 역시 생각의 객관화가 있어서 생각에 대해 심문하고 현실 검증을 하지만, 생각을 마음속의 대상으로 직접적으로 경험하지는 않는다. 인지를 통제하는 메타인지 계획을 강화하기 위해서는 이러한 직접적인 경험이 필요하다.

대상 양식에서 생각은 직접 지각으로 경험되며, 관찰자로서 자기와 생각하는 행위 자체의 구분이 없다. 인지행동치료에서 공통되는 실습인 생각의 타당성에 의문을 제기하는 것조차 이러한 처리 양식에 대응하는 것이 아니다. 예를 들면, '내가 준비가 안 되면 어떡하지?'라고 생각하는 사람에게 이러한 평가의 증거에 대해 의문을 가지도록 할 수 있다. 그렇게 할 때, 그 사람은 그 생각에 대해 객관성을 고취한다. 생각은 정확할 수도 있고, 정확하지 않을 수도 있는 개념이다. 그 사람은 완전한 메타인지 양식에 들어가지 못하고, 생각이 더 생각해서 반응할 필요가 없는 내적 사건임을 배울 수 없다. 대신에 그들은 모든 부정적인 생각을 현실에 적용해 평가해 볼 필요가 있다고 배운다. '몇몇 생각을 난 믿을 수 없어. 어떤 생각을 내가 믿을 수 있지?'라는 생각이다.

06

ABC 분석을 새롭게 하기

 심리장애에 대한 메타인지 모델의 분석은 인지행동치료나 합리적 정서행동치료의 분석의 '하류' 혹은 '상류'에 초점을 둔다. 인지행동치료나 합리적 정서행동치료에서 치료자는 부정적인 자동적 사고나 비합리적 신념에 초점을 둔다. 메타인지치료에서 치료자는 사고와 신념에 대한 개인의 반응이나 신념을 야기하는 사고방식에 초점을 둔다. 이러한 차이를 이해하기 위해 Ellis의 합리적 정서행동치료와 Beck의 인지행동치료가 토대로 삼고 있는 ABC 모델에 대해 살펴보자.

 이 원래 예에서 'A'는 'B'로 지칭되는 신념(Ellis) 혹은 부정적인 자동적 사고(Beck)의 활성화를 일으키는 선행이나 활성화 사건을 가리키며, 'B'는 다시 정서적 결과, 'C'를 일으킨다.

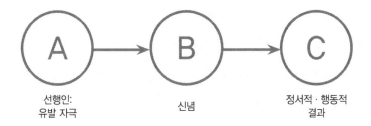

[그림 1a] ABC 분석
출처: Wells(2009, p.17).

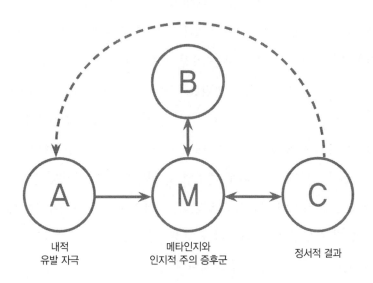

[그림 1b] AMC 분석
출처: Wells(2009, p.18).

Wells의 메타인지치료에서 활성화 사건 'A'는 특히 인지(하나
의 생각 혹은 신념)나 정서로 다시 지정되며, 이는 메타인지 신념
과 인지적 주의 증후군 'M'을 활성화하고, 인지적 주의 증후군은

정서적 결과 'C'를 낳는다. 이 도식에서 보통의 부정적인 신념이나 생각('B')은 'M'에 의해 조절되거나 야기된다.

이는 [그림 1a]와 [그림 1b]에 예시된 바와 같이 문제에 대해 서로 다른 개념화를 하게 한다.

이는 치료의 측면에서 무엇을 의미하는가? 이는 치료자가 다른 유형의 사건에 대한 신념보다는 생각에 대한 신념에 초점을 맞춘다는 의미다. 예를 들면, 건강염려증에서 인지행동치료자는 신체 증상을 잘못 해석한 생각에 대한 믿음에 도전하는 데 초점을 둔다(예: "당신이 심장병이 있다는 증거가 무엇입니까?"). 하지만 메타인지치료에서 치료자는 이런 식으로 계속해서 증상을 평가하려는 욕구에 대해 질문한다(예: "당신이 심장병이 있다고 계속해서 걱정하는 것의 의미는 무엇입니까?"). 메타인지치료의 질문을 통해 생각의 통제 불가능성에 대한 메타인지 신념과 안전하게 남아 있기 위한 증상을 잘못 해석하고, 건강에 대해 걱정할 필요가 있다는 긍정적인 신념이 드러난다. 메타인지치료자는 이러한 메타인지에 도전하고, 걱정이나 오해석을 하지 않고 증상과 관계를 맺는 대안적인 방식을 탐색한다.

AMC 분석에서 메타인지는 연쇄적인 걱정이나 반추와 같이 다른 부정적 생각이나 신념을 계속해서 만들어 낸다. 유발인은 침투적인 정신적 사건일 수 있으며, 이는 메타인지를 준비시키고, 메타인지는 보통은 생각이나 신념으로 분류되는 의식적인 부정적 평가를 더 많이 생성하는 방식으로 처리 방향을 안내한다.

07

거리두기 마음챙김

　인지적 주의 증후군은 생각과 신념에 대한 반응 방식과 장애를 연결하기 때문에 치료의 목표는 이러한 내적 사건에 반응하는 대안적인 방식을 개발하는 것이다. 우리가 보았듯이 인지적 주의 증후군은 걱정, 반추, 위협 탐지, 억제 그리고 다른 부적응적 대처 행동으로 이루어진 처리 상태를 말한다. Wells와 Matthews(1994)는 인지적 주의 증후군과 반대되는 대안적인 처리 상태를 구체적으로 언급하기 위해 '거리두기 마음챙김(Detached Mindfulness: DM)'이란 용어를 도입하였으며, 이것은 환자가 대상 양식에서 메타인지적 처리 양식으로 바뀌도록 하는 데 목적이 있다.

　명칭이 시사하듯이 거리두기 마음챙김은 마음챙김과 거리두기의 두 가지 특징으로 구성된다. 마음챙김은 단지 생각이나 신념이 일어나는 것을 자각하는 것을 말한다. 즉, 메타 자각을 개발하고 활성화하는 것이다. 두 번째 요소는 거리두기다. 이것은 두 가지 요인을 가리킨다. 하나는 생각에 대해 모든 개념적 활동이나 대처 활동을 멈추는 것이며, 다른 하나는 생각으로부터 자기를 분리하는 것이다. 거리두기 마음챙김 상태를 효율적으로 사용하는 데 필요한 메타인지 기술을 습득하도록 돕기 위해 다양한 기법과 전략이 개발되어 왔다(예: Wells, 2005). 하지만 거리두기 마음챙김은 증상 관리, 회피나 대처 전략으로 사용하기 위한 것이 아니다. 생각, 신념, 감정이 활성화될 때 이에 대한 유연한 반응을 증가시키기 위한 것이다.

개발된 전략에는 메타인지에 대한 안내, 자유 연상 과제, 호랑이 과제, 은유의 사용이 있다(이러한 전략에 대한 논의는 25장 참조).

거리두기 마음챙김은 초기 인지행동치료에서 사용된 기법과 유사하지 않다. 하지만 마음챙김 명상 기법은 최근에 우울증에 대한 마음챙김에 근거한 인지치료(예: Teasdale et al., 2000)에서 재발 방지를 위한 치료 전략으로 사용되어 왔다.

거리두기 마음챙김은 개념과 실제에서 마음챙김 명상과 약간 중복될 수 있다. 둘 다 평가적인 유형의 처리 과정을 줄이거나 멈추게 할 목적을 가지고 있다는 점에서는 약간 유사하다. 하지만 거리두기 마음챙김은 특히 생각의 개념적 처리 과정이 계속되는 것을 멈추는 데 목적이 있는 반면, 명상은 모든 사건에 대한 보다 전반적인 수용을 수반한다는 점에서 상당히 다르다. 마음챙김 명상은 또한 사건과 관련해서 탐색하는 자세를 가지는 것과 관련이 있다. 하지만 수용을 통한 비판단적 처리 과정과 고수준의 해석 과정에 의지하는 탐색을 조화시키기는 어렵다. 명상은 수주, 수년에 걸쳐서 연습되지만, 거리두기 마음챙김은 특정한 생각에 적용되며, 몇 분 안에 개발될 수 있다. 마음챙김 명상은 종종 호흡과 같은 내적 지표에 주의의 초점을 맞추도록 하지만, 거리두기 마음챙김은 이런 종류의 신체 초점적 주의를 필요로 하지 않는다. 더구나 그런 자기 주의는 인지적 주의 증후군의 일부로서 자기 초점적 처리에 기여할 위험이 있기 때문에 삼간다. 명상은 거리두기 마음챙김처럼 병리적인 기제와 과정을 수정하기 위해 특별히 고안된 것이 아니다.

메타인지치료에서 거리두기 마음챙김은 메타인지 이론에 근거해서 유용한 것으로 여겨지는 인지적 효과와 메타인지 효과를 내기 위해 특별히 개발되었다. 반대로, 마음챙김 명상은 심리장애에 대한 이론보다 앞서 나타난 것으로, 우울 반추를 줄여 보고자 했던 이론가들이 나중에 받아들인 것이다. 따라서 거리두기 마음챙김은 반추와 걱정에 대한 이론에서 개발된 반면, 마음챙김 명상은 불교 수행에 기초하고 있다.

거리두기 마음챙김은 메타인지치료의 구성요소이지만 필요조건이나 충분조건은 아니다. 이것은 인지적 주의 증후군을 유발하지 않고 메타인지의 통제를 향상시키기 위해 환자가 인지와 대안적인 관계를 맺도록 돕는 기법이다. 이 기법은 메타인지치료에 독특한 것이며, 생각을 이후의 처리 과정과 분리하기보다 생각에 도전하는 것을 선호하는 다른 인지행동치료의 특징을 가지지 않는다.

08

실행 통제와 주의 유연성

메타인지 이론에서 심리장애는 인지적 자원 및 주의 유연성의 상실과 관련되어 있다. 심리 변화와 인지의 통제에는 처리 자원이 필요한데, 인지적 주의 증후군에 의해 제한되기 때문에 문제가 된다. 자원과 실행 통제의 상실은 하향 통제나 낮은 수준의 활동 억제에 결함이 있고, 뇌(즉, 편도체)에서 보다 반사적인 정서처리 네트워크를 가지고 있음을 의미한다. 게다가 위협에 주의의 초점을 맞추면 두려워하는 상황에서 잘못된 생각을 교정할 수 있는 정보에 대한 접근이 제한된다. 그렇기 때문에 치료에서 자원을 회복하고 처리 과정에 대한 유연한 (실행) 통제를 늘리고 교정적 정보가 처리 과정으로 유입될 수 있도록 하는 기법을 개발하는 것이 유익할 수 있다. 이러한 목표를 염두에 두고, 메타인지치료의 일부로 주의 훈련(Wells, 1990; 24장 참조)과 상황으로 주의 재집중하기(Wells & Papageorgiou, 1998; 26장 참조) 같은 기법이 개발되었다.

주의 훈련 기법은 다양한 청각 자극에 외적인 주의의 초점을 맞추는 것으로 이루어지며, 선택적 주의, 주의 전환, 주의 분할 요소를 가지고 있다. 이는 대처 기법으로 적용되기보다는 개별적인 실습 회기 동안 연습된다. 이 기법이 불안과 우울을 덜어 주는 효과가 있다는 것을 지지하는 경험적 근거가 있다(개관을 위해서는 Wells, 2006을 참조하기 바람). 예를 들면, 사례 시리즈를 이용한 실험연구에서 주의 훈련 기법은 공황장애(Wells et al., 1997), 건강염려증(Papageorgiou & Wells, 1998), 재발성 주요 우울증(Papageorgiou & Wells, 2000)에서 증상 개선과 관련되는 것으로 나타났다. 이는 우울증 환자가 보이는 편도체 활동의 감소와 같은 신경생물학적 변화와도 관련이 있는 것으로 보인다(Siegle et al., 2007). 주의 훈련은 종종 수용전념치료(Hayes et al., 1999)와 같은 새로운 인지행동치료 흐름에서도 언급되지만, 이는 주의 훈련 기법과 동일하지 않다(24장 참조).

메타인지치료에서 사용되는 다른 주의 기법은 상황으로 주의 재집중하기(Wells & Papageorgiou, 1998)다. 이것은 위협적이거나 불안을 유발하는 상황에 노출되는 동안 주의를 되돌리는 데 사용된다. 목적은 새로운 적응적인 정보가 의식으로 들어가는 것을 증가시켜 잘못된 신념을 더 잘 갱신하고 수정할 수 있도록 하는 것이다. 예를 들어, 사회공포증이 있는 사람은 자신이 두려워하는 사회적 상황에서 자신 안으로 주의를 돌린다. 그들은 호의적이지 않은 인상을 주는 것을 두려워하기 때문에 이는 위협 탐지 전략이자 대처 전략의 일부다. 이러한 주의 방식은 모든 사람이 자신을 주시하고 있다는 신념과 같이 타인에 대한 부정적 신념에 도전하는 데 중요한 외부 정보를 처리하기 어렵게 만든다. 역기능적 신념을 바로잡기 위해서는 노출되는 동안 환경 내의 타인에 초점을 맞추도록 주의의 방향을 수정할 필요가 있다. 따라서 메타인지치료에서 노출의 사용은 반복 노출이나 지연 노출에 의존하는 것이 아니라 새로운 학습의 효율을 극대화하기 위해 노출되는 동안 인지를 통제하는 것에 의존한다.

상황으로 주의 재집중하기는 외상에 대한 메타인지치료에서도 사용하는데, 외상 사건 후에 개인의 주의 방식이 변한다. 외상 후에 위협 탐지는 종종 환경 내의 잠재적인 위험의 원천에 초점을 맞추는 것으로 이루어지며, 이는 현재의 위험 지각을 증가시키고 불안을 유지시킨다. 인지가 보통의 처리 과정으로 되돌아오기 위해서 치료자는 환경에서 중립 자극과 안전 신호를 탐지하는 것을 처방하는 것과 같은 기법을 사용해서 주의의 초점을 확인하고 수정하도록 환자와 작업한다.

09

통제 수준

자기조절적 실행기능 메타인지 이론은 정보처리 이론에 근거한다는 점에서, Beck과 Ellis의 이론 및 정신병리에 대한 다른 대부분의 인지적 접근과 다르다. 자기조절적 실행기능은 인지적 구조를 가지고 있는데, 지식 혹은 신념, 온라인의 (주의를 요구하는) 의식적 처리, 낮은 수준의 자동적인 정서처리, 그들 간의 관계의 특성을 구분하는 전반적인 구조를 가진다는 의미다. 이 요인들 간의 관계가 장애의 근원인 가능성이 크고, 부정적 사고의 내용이나 사회적 신념보다 더 중요하기 때문에 이 요인들 간의 관계가 중요하다. Beck의 도식 이론은 도식, 주의 편향과 같은 정보처리 접근과 관련된 용어를 사용하지만, 사실은 정보가 어떻게 전달되는지, 정보의 형태, 정보가 자극에서 반응까지의 수준을 어떻게 거쳐 가는지, 인지 수준이 어떻게 연결되는지를 설명하기보다는 인지적 내용에 초점을 둔다. 정보처리로 설명하기 위해서는 이러한 수준의 설명이 필요하며, 이는 자기조절적 실행기능 모델에서 좀 더 많이 기술되고 있다.

자기조절적 실행기능은 세 수준의 구조에서 인지를 나타낸다. 첫째, 깨닫지 못한 채 반사적으로 정보를 처리하며 원시적인 정서처리 네트워크를 포함하는 낮은 수준의 자동적 처리 네트워크를 말한다. 둘째, 처리 자원을 필요로 하며, 대개 의식적이고, 전략을 해석하고 실행하는 데 책임이 있는 의식적인 처리 과정 수준을 말한다. 셋째, 특성상 메타인지적이며, 처리 과정을 이끌어가는 저장된 지식 수준을 말한다.

수준을 구분하고 수준 간의 상호관계를 기술함으로써 자동적인 과학습된 반응과 낮은 수준의 (피질하) 정서 과정의 역할과 심리장애에 기여하는 데 있어서, 이들이 의식적 과정과 어떻게 상호작용하는지를 고려할 수 있기 때문에 수준을 구분하고 수준 간의 상호관계를 기술하는 것은 중요하다. 따라서 이 접근은 신경생물학적 과정에 대한 연구에 함의가 있다. 예를 들면, 정서처리 과정 회로에서 전략적 처리 및 활동과 뇌의 구조의 연결이 제안되며, 이는 검증되고 수정될 수 있다. 한 가지 함의는 인지적 주의 증후군이 정서처리에 대한 적절한 하향 통제를 방해한다는 것이다. 따라서 인지적 주의 증후군을 제거하여 통제를 회복하고, 정서 처리가 정상적 과정을 밟고, 효과적으로 수정될 수 있다. 이는 외상후 스트레스 장애에 대한 메타인지치료의 기본 가정이다.

수준을 구분하고 그들의 상호관계를 구체화하는 것은 장애의 원인이, 특히 메타인지 신념과 관련된 전략적 과정 혹은 의식적 과정 수준에 있다고 보는 것이다. 따라서 메타인지치료의 이론은 주의의 자동적인 편향보다는 전략적인 온라인 과정의 영향을 강조한다는 점에서 정서장애의 편향에 대한 초기의 인지적 설명(예: Williams et al., 1988)과 다르다. 이것은 인지적 편향과 왜곡을 도식의 활동과 동일한 것으로 보지 않고, 메타인지에서 도출되는 의식적 처리 방식과 동일한 것으로 본다는 점에서 Beck(1976)의 인지 이론과 다르다. 유사하게 정서 스트룹 검사(예: Mathews & MacLeod, 1985)와 같은 과제에서 관찰되는 편향 효과의 원인이 자동적 과정보다는 위협의 근원에 주의를 유지시키는 것(위협 탐지)과 같은 전략 관련 과정에 있다고 본다. 이는 편향에 대한 치료를 개발하는 데 함의가 있다. 이는 치료자가 위협 탐지 전략을 지지하는 메타인지 신념을 수정해야 하고, 환자에게 대안적인 주의 반응을 이용하도록 지시해야 한다는 의미다.

주의 훈련 기법과 상황으로 주의 재집중하기 기법을 사용하고 주의를 통제하는 메타인지를 수정하는 데 초점을 맞추는 것은 메타인지치료의 독특한 실제적 특징이다. 인지행동치료나 스트레스 관리 치료 접근에서 주의 전략을 사용할 때는 대처 기법으로 생각, 감정 혹은 통증 경험에서 주의를 분산시키는 것에 집중한다. 반대로, 메타인지치료에서는 인지적 주의 증후군을 제거하고, 메타인지적 통제를 강화하며, 지식을 갱신하기 위해 새로운 정보에 대한 접근을 늘리려는 목적으로 주의 수정을 설계하고 전달한다.

10

지식의 유형

  우리는 메타인지적 접근이 자신과 세상에 대한 여타 지식과
메타인지적 지식을 어떻게 구별하는지 이미 살펴보았다. 다른
인지 이론과 대조되는 또 다른 영역은 지식이 표상되는 방식이
다. 인지행동치료와 합리적 정서행동치료는 지식의 어휘적 내
용을 언급하고, 언어적 선언 형태(예: '나는 무가치해.'와 '가치 있으
려면 나는 모든 사람에게 인정받아야 해.')로 각각의 도식이나 비합
리적 신념을 표현한다. 이는 유용한 휴리스틱이지만, 메타인지
이론은 인지체계에서 이런 식으로 지식이 표상되지 않을 것이
라고 여기며, 지식을 사고와 행동의 방향을 안내하는 일련의 프
로그램이나 계획으로 생각하는 것이 더 유용할 수 있다(Wells &
Matthews, 1994, 1996). 본질적으로, 이 프로그램은 처리 과정을
안내하기 위한 메타인지적 프로그램이며, 이런 의미에서 보면
절차적 지식의 기초를 이룬다. 이러한 절차를 나타내 주는 표식
은 '위험을 피하기 위해서 걱정해야만 해.'와 같은 선언적 진술일

수 있지만, 이러한 선언적 신념은 걱정할 때 처리 시스템의 활동을 안내하기 위한 계획과 밀접한 관련이 있을 것이다. 이러한 시나리오에서 신념의 수정은 메타인지를 신념 수준에서 언어적으로 도전하는 것을 포함해야 하며, 대안적인 처리 계획도 제공해야 한다.

예를 들면, 불안과 우울의 재발 방지는 표준 인지행동치료에서처럼 선언적 신념에서 잔재하는 신념 수준을 체크하고 수정하는 데 초점을 맞출 뿐만 아니라, 부정적인 생각, 신념, 정서에 반응해서 사고하고 대처하는 새로운 방식을 실행할 수 있도록 환자를 훈련시키는 것 역시 포함해야 한다. 하지만 이들은 그저 단순한 새로운 형태의 반응은 아니다. 예를 들면, 이완 훈련이나 사회 기술 훈련과 같은 전반적인 훈련의 문제가 아니라 인지적 주의 증후군에 반대되는 반응을 구체적으로 훈련하는 것이며, 학습되는 모든 새로운 전략은 잘못된 위협을 피하거나 막는 데 사용되어서는 안 된다. 새로운 반응을 형성하고 연습함으로써 미래에 이러한 새로운 반응을 지지해 주는 지식 기초나 프로그램을 발전시키게 된다.

그러므로 메타인지치료의 독특한 실제적 특징은 환자가 인지와 행동을 조절하기 위한 새로운 계획을 강화하도록 돕는 훈련 요소들을 포함시키는 것이다. 이는 대개 재발 방지 부분을 구성하며, 메타인지치료를 불안 감소, 사회적 상호작용, 주장성 혹은 다른 종류의 기술을 훈련시키는 다른 치료적 접근과 구별해 준다.

11

인지적 내용을 넘은 과정과 전략

우리가 본 바와 같이 메타인지치료와 인지행동치료, 행동치료, 합리적 정서행동치료 접근의 주된 차이는 메타인지치료가 생각과 신념의 내용에 초점을 맞추고 있지 않다는 것이다. 인지행동치료에서 치료자는 부정적인 자동적 사고의 내용에 관심을 가지고, 환자에게 그 내용을 현실 검증하도록 요청한다. 생각과 신념에서 인지적 왜곡이나 사고 오류가 확인되지만, 이는 내용을 검토하는 것의 연장선에 있다. 이렇게 내용에 중점을 두는 것은 메타인지치료가 특히 사고방식이나 인지 과정에 초점을 두는 것과는 반대된다.

메타인지치료에서 장애는 인지적 내용의 작용이 아니라 보속적인 사고, 주의 초점, 역효과를 낳는 내적 통제 전략과 같은 과정의 작용으로 여긴다. 보속적인 과정은 개념적 활동이 재순환하는 패턴으로, 가장 일반적으로 걱정이나 반추의 형태를 띤다. 이 과정은 사실 모든 내용을 가질 수 있으며, 메타인지치료에서는 이 과정을 포착해서 사고에 대한 유연한 통제를 회복하는 것이 필수적이다. 하지만 메타인지치료는 사고 내용을 억제하는 것에 대한 것이 아니다. 특정한 과정을 차단하는 것을 배우고 지속적인 처리나 목표 지향적인 대처를 할 필요 없이 사고와 관계 맺는 법을 배우는 것에 대한 것이다.

메타인지적 접근은 주의를 병리의 핵심 과정으로 본다. 위협 탐지 전략은 인지적 주의 증후군의 중요한 특징이다. 이 전략은 도식에 기반을 둔 인지치료에서처럼 개인의 전반적인 신념(예: '나는 취약해.')의 자동적인 기능으로 여기지 않으며, 주의를 통제하는 메타인지 신념과 관련되는 것으로 여긴다. 10장에서 기술한 바와 같이 별개의 연습을 통해 주의를 수정하고 스트레스 상황에서 새로운 주의 전략을 상황적으로 활용하는 것은 메타인지치료의 독특한 실제적 특징이다. 목표는 실행 통제를 강화하고 지식을 수정할 수 있는 새로운 정보에 대한 접근을 향상시키기 위해 주의를 통제하는 메타인지를 수정하는 것이다.

순수한 버전의 메타인지치료 이론에서 인지적 내용은 과정에 의해서 사용되고 과정에 의해서 수정되는 자료로 여긴다. 과정을 병리의 핵심 요소로 여기지만, 과정은 다른 인지 내용이 아니라 메타인지 내용에 의해 안내를 받는다. 메타인지치료 이론과 관련된 과정의 범위는 도식 이론에서보다 광범위하다. 게다가 과정과 개인의 지식 내용의 관계는 분명해진다. 도식 이론에서 과정이나 편파는 메타인지치료의 경우처럼 인지 스타일의 개별 요인이라기보다는 대체로 내용의 특징이다.

12

자각에 대한 견해

자기조절적 실행기능 모델은 자각을 복잡하고 다면적인 변인으로 여긴다. 이는 정신병리에 대한 다른 대부분의 이론 및 치료와 다른 접근을 하게 한다. 종종 자각은 긍정적인 정신건강의 결과물과 동일한 것으로 여기며, 치료에서 강화되는 요인이다. 하지만 메타인지 접근은 자각에 대한 이러한 견해에 동의하지 않는다.

첫째, 메타인지치료에서는 (자각의 한 요소인) 자기 초점적 주의를 인지적 주의 증후군의 활성화에 대한 일반적 지표라고 여긴다. 특히 자기 주의가 만성적이고 유연하지 못할 때는 더욱 그러하다. 둘째, 특히 생각에 대한 주의를 포함해서 특정한 형태의 자기 주의가 치료에서 가장 유용하다고 본다. 하지만 신체와 공적인 자기개념 및 사적인 자기개념에 주어진 과도한 주의는 해로운 것으로 생각한다. 신체와 공적인 자기개념 및 사적인 자기개념에 주어진 과도한 주의는 인지적 주의 증후군의 특징인 과도한 몰두와 자기 분석의 지표가 된다.

메타인지치료자는 생각을 자각하는 것도 잠재적으로 해로운 효과가 있을 수 있다는 것을 인식하고 있다. 이러한 자각은 강박장애나 외상후 스트레스 장애 사례에서처럼 '위협 탐지'를 반영할 수 있다. 이들은 특정한 생각이 일어나는 것을 두려워하며, 위험을 예방하는 수단으로 이를 감시한다.

대부분의 다른 심리치료 접근과 달리 메타인지치료는 생각에 주의를 기울이는 것 중에서 긍정적인 결과를 일으키는 특성을 더 상세하게 설명할 필요가 있음을 시사한다. 유익한 형태의 주의는, 특히 목표 지향적인 위험 회피와는 관계가 없다고 제안한다. 그것은 생각이나 신념을 반응할 필요가 없는, 마음속에서 지나가는 사건으로 자각하는 것이다. 적응적인 자기 자각은 유연하고, 대처를 하기 위한 것이 아니며, 주의를 자유롭게 할당하여 생각을 개념적으로 처리하지 않고 관찰하도록 한다.

자각이 유연하고, 통제할 수 있으며, 자기조절과 신념 변화 및 수행을 위협하지 않는 방식으로 적절하게 적용할 때 유용할 수 있음을 인식해야 한다. 대부분의 치료 접근법은 유용한 자각과 유용하지 않은 자각의 종류를 정의하지 않고, 자각을 긍정적인 건강 결과물과 동일시한다.

13

변화의 다양성

이전 논의에서 설명하였듯이 메타인지치료는 치료적 변화에서 전통적인 인지행동치료에서는 등장하지 않았던 새로운 가능성을 제시한다. 전통적인 치료가 자신과 세상에 대한 부정적인 사고와 신념의 내용을 현실 검증하는 것에 초점을 맞추었던 것과 달리, 메타인지치료는 인지 과정을 수정하는 데 초점을 둔다. 이것은 Beck의 인지행동치료에서처럼 사고의 내용(예: 임의적, 추론, 파국화)에 담긴 과정이 아니라 걱정, 반추, 위협 탐지 방식이다. 메타인지치료는 사실에 대해서 내용을 검사하는 것이 아니라 이러한 과정을 멈추게 하는 것을 목표로 한다.

메타인지치료에서 내용에 대한 도전이 나타나는 주된 시점은 치료자가 생각에 대한 기저의 메타인지 신념을 대상으로 작업을 할 때인데, 이러한 작업 수준은 초기 인지행동치료의 특징이 아니다. 긍정적인 메타인지 신념과 부정적인 메타인지 신념에 도전하기 위해 언어적 재귀인 방법과 행동 실험을 사용한다.

메타인지치료는 처리의 메타인지 수준과 인지적 수준을 구분하고, 이를 지지하는 두 가지 체계에 바탕을 두고 있기 때문에 생각 및 신념과 관계를 맺는 두 가지 방식이 있다고 주장한다. 5장에서 우리는 이들을 양식이라고 명명했다. 이들을 구분함으로써 정신적 사건에 대한 개인의 경험을 직접 바꾸는 형태의 변화가 생긴다. 생각과 신념을 경험하는 방식, 생각과 신념과 관계를 맺는 방식을 변화시키는 것이 유용하다. 특히 생각과 신념은 관찰하는 자기의 지각 밖으로 옮겨져서 마음속의 대상으로 경험될 수 있으며, 이는 거리두기 마음챙김의 목표가 될 수 있다(7장 참조).

마지막으로, 인지에 대한 통제와 유연성의 강화가 중요한 변화에 포함된다. 이는 원하지 않는 생각을 피하는 능력을 향상시킨다는 의미가 아니다. 오히려 이는 주의의 통제를 향상시키는 것을 의미하며, 주의는 스트레스 상황에서 인지와 행동의 우선순위를 매기고 낮은 수준의 처리 네트워크에서 원하지 않는 활동을 약화시키기 위한 범목적 자원으로 작용한다. 주의를 통제할 수 있을 때 선별적으로 자신이 살고 있는 현실의 형태를 만들수 있다. 주의는 의식의 기초이며, 자신과 세상에 대해 배우는 것의 기초다.

요약하면, 메타인지 이론은 다른 치료 접근과 구별되는 다양한 변화 표적을 제시한다. 첫째, 사고방식, 둘째, 메타인지의 내용, 셋째, 인지에 대한 체험적 자각의 양식과 특성, 넷째, 실행(주의) 통제의 강도를 변화시키는 것이 가능하고 유용하다고 제안한다.

14

장애 특정적인 모델

지금까지 메타인지 모델의 전반적인 특성과 치료의 보편적인 측면을 논의하였다. 그러나 일반적인 자기조절적 실행기능 모델에 근거해서 장애 특정적인 모델이 개발되고 평가되었다. 장애 특정적인 모델은 특정 장애에 보다 특수한 메타인지의 내용과 처리의 특성을 담는 데 목적이 있다(Wells, 2000, 2009 참조). 예를 들면, 범불안장애에서 메타인지 신념은 걱정의 유용성에 대한 긍정적인 신념과 관련된 것이며, 부정적 신념은 걱정의 통제 불가능성과 위험에 대한 것이다. 두 가지 신념 모두 존재하지만, 범불안장애의 보다 근접적인 원인은 부정적인 메타인지 신념이다. 강박장애에서 메타인지는 사고-사건 융합, 사고-행위 융합, 사고-대상 융합의 주제와 관련된 것이다. 사고-사건 융합에서 생각은 사건이 일어날 가능성을 증가시킬 힘을 가지고 있는 것으로 믿는다(예: '사고에 대해 생각하는 것이 사고가 일어나게 만들 것이다.'). 사고-행위 융합에서 생각은 원하지 않는 행동을 할 가능성을 증가시키는 것으로 믿는다(예: '누군가를 찌르는 생각을 하는 것은 내가 그렇게 하게 만들 것이다.'). 사고-대상 융합은 생각과 감정이 대상으로 전이되거나 어떤 식으로든 대상을 더럽히거나 망칠 수 있다는 신념이다(예: '내가 만약 책을 읽으면서 음란한 생각을 한다면, 내 생각이 책의 일부가 될 것이고 미래에 나는 공부를 할 수 없게 될 것이다.').

우울증에서 메타인지 신념은 슬픔에 대처하는 수단으로써 반추에 대한 긍정적인 신념과 우울한 생각과 느낌의 통제 불가능성과 우울한 생각과 느낌을 경험하는 원인에 대한 부정적인 신념에 초점을 두고 있다. 외상후 스트레스 장애는 미래의 위험을 예상하고 회피하는 수단으로써 걱정을 하는 것에 대한 긍정적 신념과 외상 사건을 이해하거나 책임 소재를 따지기 위해 외상 사건을 분석하는 것의 이득에 대한 긍정적인 신념, 침투적인 사고를 경험하고 사건을 회상하는 것의 의미와 결과에 대한 부정적인 신념과 관련되어 있다.

우울증과 외상후 스트레스 장애와 관련된 과정과 구체적인 메타인지를 설명하기 위해 지금부터 두 가지 모델에 대해 더 자세히 기술할 것이다. 이 모델과 이 부분에 언급된 다른 부분들은 개별적인 사례개념화를 생성하는 기초가 되며, 이러한 사례개념화는 치료를 실시하기 위한 기초로써 환자와 공유된다. 메타인지치료는 개별적인 사례개념화를 기초로 진행된다.

우울증에 대한 메타인지 모델

우울증에 대한 메타인지 모델(Wells, 2009)이 [그림 2]에 제시되어 있다. 우울증이 있는 사람은 부정적인 생각과 슬픈 느낌이 들 때 반추의 필요성에 대한 긍정적인 메타인지 신념이 활성화되어 반응하며, 이것이 슬픔과 부정적 생각/신념을 다루는 방법이다. 보통 반추가 슬픈 느낌 혹은 개인적 실패나 결함에 대한 생각을

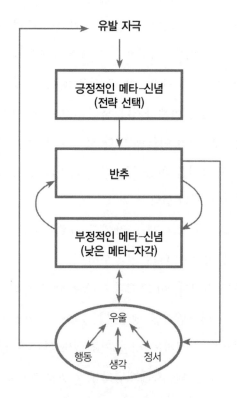

[그림 2] 우울증에 대한 메타인지 모델
출처: Wells (2009, p. 199)
Copyright © 2009 by Guilford Press. Reprinted by Permission.

이해하고 해결책을 발견하게 만든다고 믿는다.

반추는 '왜, 그게 무슨 뜻이지, 그랬다면, 왜 나지, 끝날까……?' 등과 같이 질문을 하는 연쇄적인 생각들로 이루어진다. 이 과정은 거의 대답을 만들어 내지 않지만 실패나 부정 사건에 대한 기억과 느낌에 더 강하게 초점을 맞추게 하며, 이것이 슬픔을 유지시킨다. 이 과정의 어느 시점에서 우울한 사람들은 우울한 생각과 증상에 대한 부정적 신념을 발전시키고, 차후에 활성화한다. 이는 생각과 느낌의 통제 불가능성에 대한 신념과 관련된다(예: '나는 나의 사고에 대해 통제권이 전혀 없어. 우울은 나의 통제를 넘어선 뇌의 질병이야.'). 이러한 신념은 더 부정적인 생각을 일으키는데, 예를 들면 무망감과 관련된 사회적 위축과 같은 행동을 일으키며, 이것이 우울과 반추를 유지시킨다. 다른 과정 역시 우울에 기여한다. 반복되는 반추와 우울이 있으면, 반추하는 것에 대해 자각을 상실하기 시작한다. 이렇게 메타 자각이 감소되면 반추 반응을 인식하고 중단하는 능력을 방해하기 때문에 우울의 순환이 억제되지 않고 계속된다. 게다가 반추가 유용하고 우울에 대한 대답을 끌어내 줄 수 있다고 믿기 때문에 사실 유해한 과정인데도 자연스럽게 그렇게 인식하지 못한다. 행동 수준 감소와 알코올 사용을 통한 대처 같은 다른 행동 변화도 있는데, 이들은 역효과를 낳고, 반추를 유발하는 부정적 생각을 증가시키거나 반추를 할 수 있는 시간과 공간을 더 많이 제공하기도 한다.

사례가 이 모델을 설명하는 데 도움이 될 것이다. 지난 8년에 걸쳐 수차례의 우울 삽화가 있었다고 보고하는 31세의 여성이 치료를 받았다. 현재의 우울 삽화는 약 18개월 동안 지속되었다. 그녀는 우울에 대해 생활에서 특별한 유발인을 확인할 수 없었지만 지난 11개월 동안 직장으로 복귀하지 못했다. 치료자는 그녀에게 평소에는 시간을 어떻게 사용했는지 묻고, 기준점으로 어제를 선택했다. 환자는 몇 가지 일상적인 잡일을 어떻게 했는지 설명했지만 대부분의 시간 동안 그녀는 피곤함을 느꼈고, 별다른 동기가 없었으며, 어떤 날에는 침대에 누워 있는 게 더 편했다. 그녀는 아침에 일어나서 드는 슬픈 느낌과 '절대 나아지지 않을 거야.'라는 생각에 대해 말했다. 메타인지 모델과 사례개념화에서는 이러한 느낌과 생각을 유발인으로 인식한다.

그다음에 치료자는 환자가 이 유발인에 대한 반응으로 가졌던 생각의 유형에 대해 질문하고, 그녀가 아침 내내 자신이 왜 그렇게 느끼는지 반추하고 분석하며 왜 '다른지'를 이해하려고 노력하는 데 시간을 보낸다는 것을 발견했다. 그 환자는 약 80%의 시간 동안 이 반추 과정이 어떻게 일어나는지를 설명했다. 긍정적인 메타인지 신념을 탐색하기 위해 이런 종류의 사고 활동을 하는 것의 장점에 대해 질문하면서 치료자는 환자가 반추가 일종의 처벌로 작용해서 자신을 화나게 하고 우울에서 벗어나게 하기 때문에 도움이 될 것이라고 믿고 있었음을 발견했다. 하지만 역설적으로 환자는 생각과 감정 모두에 대한 통제가 제한되어 있다고 믿었으며, 반추 과정이 괴로움을 유지하는 핵심 요인임을 알지 못했다.

이 사례에서 우리는 메타인지 모델의 중요한 측면을 볼 수 있다. 메타인지 모델은 사고에 대한 긍정적인 메타인지 신념과 부정적인 메타인지 신념을 모두 가지고 있다. 반추에서 인지적 주의 증후군은 분명하다. 그리고 유용하지 않은 대처는 자기 처벌, 분노 그리고 어떤 날에는 침대에 누워 있기의 형태로 나타난다.

치료는 사례개념화를 공유하고, 부정적인 생각과 느낌에서 벗어날 수 있게 하고 반추를 연기하며 결국 반추를 멈출 수 있게 하는 전략을 소개하는 것으로 이루어진다. 치료는 메타인지 신념에 도전하며, 미래에 슬픔과 부정적인 생각에 반응하는 새로운 방식을 학습하도록 돕는다.

우울에 대한 이러한 접근은 인지행동 접근과 유사한 점이 거의 없다. 전통적인 인지행동치료는 부정적인 자동적 사고의 내용의 관점에서 문제를 개념화하고 '인지 삼제'(자신, 세상, 미래에 대한 부정적인 생각)를 중심으로 생각의 타당성에 도전하는 데 초점을 둔다. 반대로, 메타인지치료는 그런 생각의 내용에 대해서는 관심이 없으며, 그것들을 현실 검증하지 않는다. 메타인지치료는 이러한 생각들을 반추의 유발인 혹은 반추의 결과물로 보며, 특정한 사고 내용보다는 계속되는 사고 과정을 변화시키는 데 초점을 둔다. 두 접근 모두 활동 계획을 사용하지만 인지행동치료에서는 숙달과 즐거움을 늘리는 것이 목표인 반면, 메타인지치료에서는 반추할 시간을 제공하는 부적응적 대처 행동으로 여기는 무활동에 대응하는 것이 목표다. 메타인지치료는 반추와 우울에 대한 신념에 도전하지만, 인지행동치료는 세상과 미래 혹은 자신(예: '나는 쓸모없어.')에 대한 일반적인 도식(신념)에 도전한다. 다른 중요한 차이는 메타인지치료는 생각 및 느낌과 관계를 맺는 방식을 변화시키는 주의 훈련, 거리두기 마음챙김, 메타인지에 초점을 둔 행동 실험과 같은 특수한 기법을 사용하는데, 이들은 인지행동치료의 일부가 아니라는 사실이다. 어떤 면에서 생각 일기를 기록하는 것, 부정적인 생각의 현실성을 물어보고 사고 오류를 확인하는 것과 같은 인지행동치료의 활동은 메타인지치료자가 보기에는 인지적 주의 증후군과 많이 다르지 않은 과도한 사고 과정에 참여하는 것이다.

외상후 스트레스 장애에 대한 메타인지 모델

외상후 스트레스 장애는 스트레스 사건에 노출된 후에 한 달이상 특정한 증상군(각성, 회피, 재경험)이 지속되는 것이다. 대부분의 경우 증상이 이 기간 내에 가라앉지만, 극소수의 사례에서는 지속된다. 외상후 스트레스 장애에 대한 메타인지 모델(Wells, 2000; Wells & Sembi, 2004)은 인지적 주의 증후군의 활성화가 정서 처리의 통제를 방해하기 때문에 증상을 지속시킨다는 생각에 기초한다. 외상후 스트레스 장애에 대한 메타인지 모델이 [그림 3]에 제시되어 있다. 이 모델에서 외상 사건은 증가된 각성, 침투적 사고, 놀람 민감성의 증상을 야기하는데, 이들은 내재된 반사적 적응 과정(Reflexive Adaptation Process)의 일부다. 반사적 적응 과정은 나중에 새로운 인지, 행동 습관을 습득할 수

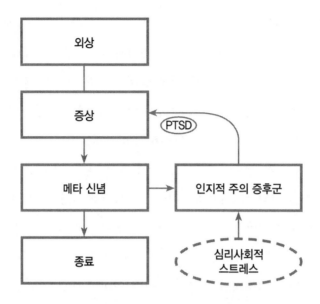

[그림 3] 외상후 스트레스 장애에 대한 메타인지 모델
출처: Wells(2009, p. 129).

있도록 촉진하는 수단으로 처리 과정과 행동을 편향되게 하는 저수준의 정서 처리 기능이다. 보통 반사적 적응 과정이 자연스러운 경과를 거치면서 증상이 가라앉고 그에 대한 유연한 실행적 통제를 사용하게 된다.

하지만 인지적 주의 증후군의 활성화는 반사적 적응 과정에 대한 유연한 통제를 억제하며, 의도하지 않게 위협 처리 과정을 부채질하고 불안 프로그램이 계속 작동하도록 한다. 특히 미래의 위협에 대한 걱정은 위험하다는 느낌과 불안을 유지시키며, 외상에 대한 반추는 계속해서 외상 기억에 사로잡히게 한다. 위협 탐지와 같은 전략(예: 가해자와 닮은 사람에 대한 과경계)은 환경에서 잠재적인 위험의 지각을 증가시키며, 이는 불안을 유지시킨다. 사고 억제(예: 외상에 대해 생각하지 않으려고 노력하기) 혹은 사건을 생각나게 하는 것을 피하는 것과 같은 행동은 생각에 대한 유연한 통제가 발달하지 못하게 막으며, 억제와 같은 전략은 역효과를 낳고 생각이 더 두드러지게 만든다.

  인지적 주의 증후군은 걱정, 반추, 위협 탐지, 사고 통제에 대한 긍정적 신념(예: '나중에 공격받는 것에 대해 걱정한다면, 이에 대비할 수 있을 거야. 사고를 막기 위해 위험이 있는지 계속 살펴봐야 해.')을 포함해서 메타인지 신념과 관련이 있다. 부정적인 메타인지 신념은 침투적인 사고와 기억의 의미에 대한 것으로, 부정적인 메타인지 신념으로 인해 증상 그 자체에서 계속 위험하다는 느낌을 갖게 된다(예: '어떤 일이 벌어질지 생각하는 것을 통제할 수 없어. 나는 미쳐 가고 있어.').

  요약하면, 인지적 주의 증후군의 결과 현재의 위협감이 강해지며, 이는 불안을 유지하고 반사적 적응 과정의 영향과 상호작용해서 잠재적인 위험을 탐지하고 재빠르게 반응하도록 설정된 처리 과정을 일으킨다. 위협 관련 처리 과정은 적절하게 유연한 통제하에서는 생기지 않으며, 따라서 인지는 비교적 무해한 환경을 처리하는 보통의 상태로 돌아가지 않는다.

  외상후 스트레스 장애에 대한 메타인지 모델은 다른 인지 모델이나 행동 모델(예: Ehlers & Clark, 2000; Foa & Rothbaum, 1998)과 매우 다르다. 대부분의 모델은 외상후 스트레스 장애의 원인으로 특히 기억 장애를 강조한다. 예를 들면, 와해된 기억이나 기억 구조에 교정적 정보를 포함시키지 못하는 것이 증상의 원인이라고 주장한다. 메타인지적 접근은 기억의 와해나 불완전한 기억이 중요하다고 주장하지 않는다. 이에 따르면, 대부분의 사람은 기억이 불완전하며, 문제의 중심은 메타인지적 신념의 영향을 받는 외상후 사고방식(인지적 주의 증후군)이다.

외상후 스트레스 장애에 대한 메타인지치료는 다른 모든 인지치료, 행동치료와 상당히 다르다. 메타인지치료에서 변화의 기제는 기억 조직, 내용의 변화 혹은 기억에 대한 습관화라고 여기지 않기 때문에 외상 기억에 대한 노출이나 상상적 재체험은 거의 사용되지 않는다. 일부의 인지행동치료에서처럼 기억의 재구조화나 재구성이 없다. 외상이나 세상에 대하여 생각이나 신념의 도전은 없다. 대신 치료는 개별적인 모델을 개발하는 데 중점을 둔다. 이러한 개념화를 사용해서 치료자는 걱정과 반추를 줄이는 전략을 사용한다. 거리두기 마음챙김, 걱정과 반추 연기 실험, 걱정과 반추의 필요성에 대한 긍정적인 신념에 도전하기, 증상에 대한 부정적인 신념에 도전하기, 유용하지 않은 위협 탐지 전략 수정하기가 여기에 포함된다. 이러한 기법은 외상후 스트레스 장애에 대한 다른 인지치료와 행동치료에서는 나타나지 않는다.

15

하나의 보편적 치료

현재 여러 가지 서로 다른 유형의 인지행동치료가 있다. 그중 일부는 잘 정교화된 증거 기반 모델과 연결되어 있지만, 나머지는 그렇지 않다. 인지행동치료의 제한점 중 하나는 특정한 새로운 장애나 현상에 맞는 것처럼 보이는 새로운 도식을 구체화할 수 있다는 것이다. 반대로, 메타인지치료는 좀 더 엄격하게 정의된 변인과 신념에 기반을 두고 있으며, 모든 장애가 미리 명시된 요인들을 참조하여 설명할 수 있다. 이는 메타인지치료 이론이 더 간소하다는 의미다. 또한 모든 장애에서 인지적 주의 증후군을 치료하는 것이 가능하다는 의미이며, 보편적인 혹은 범진단적인 치료 접근을 가능하게 한다(Wells, 2009; Wells & Matthews, 1994). 지금 이 단계에서 장애 특정적인 모델을 완전히 없애는 것이 가능할지, 최적의 치료 효과를 위해서 유지될지는 분명하지 않다. 하지만 보편적인 치료는 시작점으로서 모든 장애에 적용할 수 있으며, 그다음에 개별 모델이 설명하는 장애 특정적인 모듈이 필요한 대로 사용할 수 있다. 반대로, 서로 다른 인지행동치료 모델의 성장은 장애 간의 유사성보다는 차이점에 중점을 두게 만들었으며, 그것은 이 분야에서 보편적인 인지행동치료를 보이기 쉽지 않다.

2부

메타인지치료의 독특한 실제적 특징

16

메타인지 수준에서 치료하기

메타인지치료의 핵심 특징은 치료적 변화를 성취하기 위해 메타인지 신념과 과정을 수정하는 데 있어 분명하게 초점을 둔다는 것이다. 즉, 메타인지치료는 인지에 대한 신념을 바꾸어 환자가 생각하는 방식을 변화시키는 데 중점을 둔다. 이는 인지행동치료와 직접적으로 대조되는 것이며, 인지행동치료는 역기능적 정보처리 과정의 내용과 산물에 관심을 가지기 때문에 유용하지 않은 사고의 결과물을 수정하는 것이 목표다(Clark, 2004). 인지행동치료자가 변화의 표적으로 삼는 것에는 체계적인 오류, 부정적인 자동적 사고, 핵심 신념 등이 있다. 본질적으로 인지행동치료는 내용이나 인지 수준에서 주로 작업하는 반면, 메타인지치료는 과정이나 메타인지 수준에서 작용한다.

메타인지 수준에서 작업하기 위해 치료자는 보통의 인지 내용을 뛰어넘어서 볼 수 있어야 한다. 이 목표를 이루기 위해서 메타인지치료자는 인지적 주의 증후군의 세 가지 요소인 보속적 사고, 부적응적 주의 전략, 유용하지 않은 대처 행동을 명심하고 있어야 하며, 치료 과정에서 인지적 주의 증후군의 각 측면을 탐지하고 수정할 수 있어야 한다. 이로 인해 치료를 실시하는 방식이 매우 독특하다.

예를 들면, 당신이 환자와 작업을 하고 있는데 갑작스러운 감정 변화가 일어났다고 상상해 보자. 인지행동치료자는 부정적인 자동적 사고를 끌어내기 위해 "방금 당신 마음에서 무엇이 지나갔습니까?"라고 물을 수 있다. 대안적인 평가를 만들어 내려는 목적으로 환자의 생각에 담긴 인지적 왜곡을 명명하도록 돕거나 환자에게 부정적인 자동적 사고를 지지하는 증거와 반대하는 증거를 평가하도록 도움으로써 부정적인 자동적 사고의 내용이나 그 내용에 대한 믿음을 수정하는 것이 주된 목적일 것이다. 이런 식으로 생각의 내용으로 작업하는 것은 이전에 논의하였듯이(5장 참조) 대상 양식에서 효과적으로 작용하는 것이다.

메타인지치료자도 첫 질문은 똑같이 할 수 있지만 부정적인 자동적 사고는 반추의 유발인이거나 반추의 결과로 여기기 때문에 부정적인 자동적 사고의 내용을 수정하려는 시도는 하지 않을 것이다. 따라서 치료자는 대처 반응으로 반추를 선택하게 한 긍정적인 메타인지 신념과 반추 과정을 멈추게 할 가능성을 적게 만드는 부정적인 신념에 관심을 가질 것이다. 이러한 두 가지 유형의 메타인지 신념을 수정하는 것은 메타인지치료자가 환자에게 부정적인 자동적 사고에 대해 반추가 아닌 다른 반응을 선택하게 하는 치료 목표를 성취하는 데 도움이 된다. 게다가 환자가 그러한 생각이 다른 형태의 추가적인 개념적 처리가 필요하지 않은 단지 마음속의 사건일 뿐임을 깨닫게 하는 것이 목표다.

전통적인 방식으로 내용을 가지고 작업하는 것과 메타인지 수준에서 작업하는 것의 차이는 반추 사고에 대한 다음 발췌문과 관련해서 인지행동치료와 메타인지치료를 비교함으로써 좀 더 설명할 수 있다.

나는 혼자야 ……아무도 나에게 관심을 가지지 않아 ……왜 내 친구나 가족은 나에게 전화를 안 하지 ……이 슬픔이 끝까지 갈까? ……나는 뭘 하지 ……나는 몇 년 동안 이렇게 느껴 왔어 ……우는 것을 멈출 수 있었으면 좋겠어 ……아무 일도 안 돼 ……나는 계속 실패하고 있어 ……나는 왜 이렇게 쓸모없지?

이 간단한 연속적인 반추에 다양한 부정적인 자동적 사고, 인지적 왜곡, 핵심 신념, 귀인 오류가 있으며, 따라서 인지행동치료자는 먼저 어떤 인지적 요소에 초점을 맞출지 결정해야 한다. 인지행동치료자는 "아무도 당신에게 관심을 가지지 않는다는 신념을 지지하는 증거가 무엇입니까? 이 생각을 반증하는 증거가 있습니까?"라고 물으면서 시작할 수 있다. 이전에 논의했듯이 인지행동치료자는 기본적으로 인지의 내용을 현실 검증함으로써 진행한다. 반면에 메타인지치료자는 부정적인 사고에 대한 반응으로 반추하는 것의 단점에 대해 인식하게 하고, 환자가 메타인지 처리 양식으로 변환하게 할 목적으로 "나는 혼자야라는

생각에 반응하는 더 좋은 방법이 있다고 생각합니까?"라고 물을
수 있다.

앞의 연속적인 반추에서 '나는 혼자야.'라는 비교적 무해한 생
각에서 '쓸모없어.'라는 생각으로 빠르게 바뀌는 것을 볼 수 있
다. 이는 인지행동치료자가 하향 화살표 기법을 실시할 때 흔하
게 일어나는 유형의 변환이다. 하향 화살표는 어떤 생각이 사실
이라면 의미하는 것이 무엇인지를 반복해서 묻는 것으로 이루
어져 있으며, 핵심 신념을 밝히는 것으로 여긴다. 우리는 반추할
때 사람들은 자신만의 하향 화살표 버전을 효과적으로 실시하고
있는 것이라고 제안한다. 자신과 세상과 미래에 대한 부정적인
생각을 계속해서 만들어 내고 있기 때문에 이는 문제가 되는 것
이다. 메타인지치료자는 각각의 부정적 사고를 현실 검증하기보
다는 환자가 반추 과정을 인식하고 명명하고, 더 나아가 분석하
는 것을 멈추도록 돕는다. 이는 치료 시간을 절약하는 면에서 더
효율적인 접근으로 보인다. 예를 들면, 전통적인 인지행동치료
가 대개 12~16회기인 데 반해(예: Dimidjian et al., 2006), 우울증
에 대한 메타인지치료는 1시간 6~8회기로 구성된다(예: Wells et
al., 출판 중).

유사하게 강박증 환자를 치료할 때 메타인지치료자는 인지적
주의 증후군의 요소들과 생각과 의식에 대한 메타인지 신념에
초점을 두지만 다른 영역에 대한 신념(예: 과도한 책임감)에는 초
점을 두지 않는다. 강박장애에 대한 메타인지 접근과 최근의 인
지치료 발전 사이에는 사소하지만 약간 중첩되는 면이 있다. 세

계적인 연구집단인 Obsessive-Compulsive Cognitions Working Group(OCCWG, 1997, 2001)은 강박장애에서 가장 중요한 신념 영역에 대한 동의를 이끌어 내기 시작했다. 이 영역들은 사고의 과도한 중요성, 사고 통제의 중요성, 완벽주의, 과도한 책임감, 위협에 대한 과대평가, 불확실성에 대한 감내력 부족이다. 처음 두 가지 신념 영역은 그 특성상 메타인지적이지만 나머지는 인지적이며, 메타인지치료에서는 평가되거나 관련 있는 것으로 고려되지 않을 것이다. 하지만 메타인지 모델에서 메타인지 신념은 OCCWG가 고려하지 않은 구체적인 '융합-관련' 주제(Wells, 1997)에 관한 것이다. 더구나 메타인지 접근은 의식에 대한 신념을 중요하게 여기는데, 이는 다른 접근의 특징이 아니다.

Wilhelm과 Steketee(2006)는 OCCWG가 확인한 여섯 가지 신념 분류에 기초해서 인지치료 매뉴얼을 개발하였으며, 어떤 신념 영역이나 영역이 각 환자에게 가장 중요한지를 확인하고 모듈식 접근으로 하나씩 차례차례 수정함으로써 치료가 진행되어야 한다고 제안했다. 인지치료에서 위험에 대한 과대평가를 어떤 방식으로 수정해 나가는지 예를 들기 위해, 아들의 목에 유리조각이 걸리는 이미지의 형태로 침투 사고를 경험하는 환자를 생각해 보자. 인지적 접근에서는 환자가 위험한 결과를 과대평가하는 근거가 되는 공포/신념을 밝히기 위해 하향 화살표 기법을 사용하는 것을 옹호할 것이다. 인지치료에서 신념은 '내가 집에 유리를 가져가면 내 신발에서 떨어진 조각이 아들의 목에 걸려 질식사할 것이다.'일 수 있으며, 그리고 그 일이 일어난다면 그것은 '나는 나쁜 엄마야.'라는 의미일 것이라는 것이다. 이러한 신념에 도전하기 위해 위험한 결과의 발생 가능성을 계산할 수 있으며(van Oppen & Arntz, 1994), 여기서 그 사건의 가능성 대 누적 가능성을 그려 본다. 대안적인 방법은 단순히 발생 가능성에 대한 환자의 주관적인 추정치와 논리적 발생 가능성 간의 차이를 산출해 보도록 하는 것이다. 더 단순하게, 치료자는 신념을 현실 검증하기 위해 사고 오류, 예를 들면 예언자적 사고, 파국화라고 명명할 수 있다. 인지치료는 또한 연속 기법을 이용하여 '나는 나쁜 엄마야.'라는 핵심 신념을 가지고 작업하는 것도 포함한다.

메타인지치료에서는 이러한 신념 중 어느 것도 강박장애의 유지에 핵심적인 것으로 여기지 않으며, 재귀인 전략의 사용은 금지할 것이다. 임상 경험상 많은 환자에게 발생 가능성은 비슷하게 추정하지만 위험이 발생할 가능성은 극히 적다는 것을 안다. 그렇다면 왜 문제가 지속되는가? 답은 발생 가능성 추론이 일종의 반추 반응이나 침투 사고에 계속해서 의미와 중요성을 부여하는 의식이라는 것이다. 더 나아가 메타인지치료에서는 '나는 나쁜 엄마야.'라는 핵심 신념에 대한 작업이 꼭 필요하지는 않은데, 그 이유는 이 생각이 강박사고에 대한 반응으로 나타나는 반추로 생겨나기 때문이다. 환자가 강박적 반추를 멈추는 데 성공하면, '나는 나쁜 엄마야.'라는 생각이 일어날 가능성도 적어진다. 메타인지치료는 침투 사고에 대한 메타인지적 신념만 수정하는 데 초점을 맞춘다. 이 예에서 메타인지적 평가는 "내 아들

이 질식사할 것이라고 생각하는 것은 그것이 사실이라는 의미
다."가 될 수 있다. 강박 사고의 특성과 상관없이 메타인지적 처
리 양식을 익힐 수 있으면 생각은 더 이상 어떤 위협도 전달하
지 않는다. 몇몇 연구 자료에 따르면, 적어도 비임상 표본에서는
(예: Gwilliam et al., 2004; Myers & Wells, 2005; Myers et al., 2008)
메타인지 신념이 비메타인지 신념 영역보다 강박 증상을 더 잘
예측한다. 강박장애 환자에 대한 메타인지치료의 효과를 검증한
최근 사례에 관한 일련의 연구는 특히 메타인지 신념을 표적으
로 삼는 접근을 지지한다(Fisher & Wells, 2008).

메타인지 수준에서 작업하기 위해서 치료자는 부적응적 주의
전략을 확인하고, 이를 메타인지 신념과 연결할 수 있어야 한다.
역효과를 낳는 공통의 주의 전략은 환자가 위협 신호가 있는지
자신의 마음과 몸을 검색하는 것이다. 예를 들면, 아이를 다치
게 하는 것에 대한 침투적 사고를 가진 한 강박장애 환자가 매일
아침 깨어나서 침투적 사고가 있는지 마음을 훑어본다고 기술
했다. 이 전략은 '치료에서 진전을 평가하려면 내 마음을 검색할
필요가 있어.' 그리고 '내가 그 생각을 발견하지 못하면 그때 나
는 내 아이들이 안전하다는 것을 알아.'와 같은 메타인지 신념에
의해 유발될 수 있다. 이 상황에서 메타인지치료자는 그 전략의
역효과를 낳는 특성, 즉 그 생각이 침투적 사고의 빈도를 늘리고
더 두드러지게 만든다는 점을 강조하여 신념을 수정한다. 게다
가 메타인지치료자는 이러한 주의 전략이 침투 사고의 중요성과
의미에 대한 메타인지 신념의 표현임을 증명한다. 이 경우, 환자

가 메타인지적 처리 양식으로 바뀌고, 그 생각을 객관적으로 평가할 수 있도록 돕는다. 이를 통해 환자는 아이를 다치게 하는 것에 대한 침투적 사고를 중요시하지 않고, 더 이상의 개념적 처리가 필요하지 않은 단순한 정신적 사건으로 볼 수 있다. 그리고 환자는 이러한 부적응적인 위협 탐지 전략을 금지하도록 교육받는다.

유용하지 않은 외현적·내현적 대처 행동 역시 인지적 주의 증후군의 요소이며, 그런 행동의 유용성에 대한 메타인지 신념에 의해 유발된다. 전형적인 행동에는 사고 통제 전략이 포함되며, 메타인지치료자가 이를 작업하는 방식은 범불안장애와 관련해서 쉽게 예를 들 수 있다. 범불안장애 환자는 종종 일반적으로 걱정 삽화를 유발하는 생각을 억제하려고 시도한다. 이러한 통제 시도는 대개 성공적이지 않으며, 따라서 걱정을 통제하기 어렵다는 부정적인 메타인지 신념에 기여한다. 유사하게 범불안장애 환자들은 종종 걱정을 통제할 수 있다는 것을 발견할 기회를 박탈하는 회피 행동을 한다. 메타인지치료자의 과제는 이러한 대처 행동이 통제 불가능성에 대한 부정적인 메타인지 신념을 부채질하는 역할을 하는 것에 대해 환자의 인식을 증가시키는 것이다. 그 후에 메타인지치료자는 걱정의 통제 불가능성에 대한 부정적인 메타인지 신념을 수정하려는 목표를 가지고 환자가 역기능적인 대처 행동을 포기하도록 돕는다.

인지행동치료적 접근의 범위 내에서 치료 기법이 메타인지를 변화시킬 가능성이 있다고 하더라도, 이것은 분명한 목표가 아니며 치료가 메타인지 수준에서 이루어지지 않는다. 예를 들면, 부정적인 자동적 사고를 논리적으로 반박하는 것은 아마도 그 사람이 생각에 어떻게 반응하는지와 관련해서 메타인지적 자각을 증가시킬 것이다. 예를 들면, 생각을 현실을 판독한 정보가 아니라 정신적인 사건으로 인식하기 시작한다. 사실, Ingram과 Hollon(1986)은 생각과 탈중심화된 방식으로 상호작용하기 위해서 인지치료 동안 메타인지적 자각을 발전시키는 것이 중요함을 강조하였다. 메타인지적 변화의 잠재적인 중요성이 이론적으로 확인되었을지라도, 메타인지적 신념이나 과정을 수정하기 위한 치료 기법이 확실하게 개발되지는 않았다. 게다가 메타인지는 신념, 전략, 사고방식이 중요한 중다 요소 요인이라기보다는 자각의 관점에서 개념화되었다.

17

메타인지의 평가

　평가 과정의 주된 목적은 임상가가 특정 장애에 대한 이론이나 모델에 기초해서 개별적인 사례개념화를 발전시킬 수 있도록 정보를 수집하는 것이다. 보통 평가는 이론에 의해 도출되며, 인지행동치료자는 장애의 유지와 악화에 기여하는 사고의 내용, 인지적 왜곡, 핵심 신념, 행동을 확인하는 데 관심을 가지고 있다. 예를 들면, 우울장애에서 목표는 '나는 실패자야.' '모든 일이 항상 잘못 돼.' '아무것도 변하지 않을 거야.'와 같은 부정적인 인지 삼제에 해당하는 핵심 신념과 부정적인 자동적 사고를 확인하는 것이다. 이러한 인지와 관련해서 인지행동치료자는 사고의 내용을 수정하지 못하게 막는 행동을 찾는다. 예를 들면, '나는 실패자야.'와 같은 신념은 회피나 다른 형태의 안전 행동에 의해 유지될 수 있다.

　정신병리에 대한 메타인지 이론에 기초한 평가는 초점과 방법이 독특하다. 메타인지치료는 앞서 기술된 행동과 인지를 무시하지 않지만, 대신에 이러한 유형의 사고와 행동을 생성하고 확장하는 기제를 밝히고 이해하려고 한다. 특히 메타인지치료자는 인지적 주의 증후군을 유지하는 메타인지 신념과 과정에 초점을 둔다.

메타인지치료에서 평가는 다른 형태의 치료와 유사한 방식으로 진행하며, 대개 진단적 접근에서 시작한다. 일단 임상가가 특정 장애를 확인하면, 평가는 장애를 유지하는 원인이 되는 메타인지 신념과 과정을 수량화하는 데 초점을 둔다. 메타인지치료에 특수한 세 가지 평가가 있으며, 이들 각각에 대해 다음에 설명할 것이다.

AMC 분석

6장에서 논의한 바와 같이 모든 형태의 인지행동치료에 공통적인 ABC 분석은 메타인지적 용어로 재개념화할 수 있으며, 평가 과정에서 유용한 출발점을 제공한다. 메타인지치료에서, A는 보통 생각이나 신념이지만 정서일 수도 있다. 이것에 이어서 M이 나타나는데, 이는 메타인지적 계획의 활성화로, 분명한 메타인지 신념과 절차화된 계획으로 구성되어 있으며, 인지적 주의 증후군으로 나타난다. 이는 다시 C를 야기하는데, 이것은 정서적 결과다. AMC 분석을 이용한 강박장애의 평가에서 치료자-환자의 대화 예가 다음에 제시되어 있다.

치료자: 당신이 문을 잠그지 않은 것 같은 의심이 들던 때가 마지막
　　　　으로 언제였습니까?

환　자: 오늘 아침 집을 나서서 차에 탔을 때요.

치료자: 그 생각은 정확히 무엇이었습니까?

환　자: 자물쇠가 딸깍 하는 소리가 났나?

치료자: 당신의 기분은 어땠습니까?

환　자: 그 생각이 다시 일어나서 약간 불안하고 화가 났어요.

치료자: 그 생각에 대한 반응으로 당신은 무엇을 했습니까?

환　자: 나는 자물쇠의 딸깍 하는 소리를 기억해 내려고 노력했고,
　　　　문을 잠글 때 내가 취했던 모든 단계를 살펴보았어요.

치료자: 문을 잠그지 않은 것 같은 의심이 들었을 때 그것은 당신에
　　　　게 무엇을 의미했나요?

환　자: 음, 내가 의심을 가진다면 그럴 만한 이유가 분명히 있을 거
　　　　야. 이 생각은 아무 이유 없이 그냥 네 머릿속에 들어올 수
　　　　는 없어.

치료자: 기억을 검토해 보는 것 외에 또 무엇을 했습니까?

환　자: 나는 문이 잠겼는지 확신할 수 없었기 때문에 결국 되돌아
　　　　가서 체크했어요.

치료자: 당신이 아무것도 하지 않기로 결정하고, 되돌아가서 체크하
　　　　지 않고 그냥 운전해서 나왔다면 어떤 일이 벌어졌을까요?

환　자: 오랫동안 의심이 계속 되었을 거고, 그랬으면 나는 집중을
　　　　할 수 없었을 거예요. 그리고 나는 더 긴장했을 거예요.

이 간단한 예에서, 선행인은 "자물쇠가 딸깍 하는 소리가 났나?"의 형태로 나타나는 문이 잠기지 않은 것에 대한 침투적 사고다. 메타인지적 계획은, 첫째, 의심을 중요하고 의미 있는 것으로 평가하기, 둘째, 의식에 침투해 들어온 생각의 중요성에 대해 메타인지적 판단하기, 셋째, 기억 탐색하기로 이루어진다. 결과는 불안하고, 화가 나며, 결국 문이 잠겼는지 확인하는 것이다.

이 AMC 분석은 전형적인 ABC 분석과 극명하게 대조된다. 강박장애에 대한 과도한 책임감 모델이 사용된다면, 앞의 예에서 ABC 분석은 다음의 형태를 띨 것이다. 선행인 혹은 유발인은 유사할 것이다. "내가 문을 잠그지 않았나?" 하지만 B 혹은 생각은 "나쁜 일이 일어나지 않게 하는 것은 내 책임이기 때문에 체크해야만 해."일 수 있다. 그러므로 체크하러 다시 가고 불안함을 느낀다는 점에서 결과는 유사하다. 하지만 치료 표적은 근본적으로 다를 수 있음을 주목해야 한다. AMC 분석에서는 메타인지적 계획과 신념을 수정할 필요가 있지만, ABC 분석에서 치료는 정신병리의 도식 모델 맥락에서 책임감과 관련된 신념을 수정하는 데 초점을 맞출 것이다.

메타인지 프로파일링

AMC 분석과 아주 잘 맞는 다른 평가 방법은 메타인지 프로파일링이다(Wells, 2000; Wells & Matthews, 1994). 메타인지 프로파일링의 주목적은 사회공포증 환자가 사회적 상황에 들어갈 때 혹은 외상후 스트레스 장애에서 침투적 기억을 경험할 때와 같이 스트레스 상황을 처리해야만 할 때 활성화되는 처리 과정과 메타인지 신념의 특징을 밝히는 것이다.

환자에게 최근의 일화를 자세하게 기술하도록 요청하고 다음에 기술되는 것처럼 정보를 수집함으로써 메타인지 프로파일링을 시작할 수 있다. 종종 행동 회피 검사(Behavioural Avoidance Test: BAT)에서 행하는 것처럼 두려워하는 자극에 노출시키고, 그런 상황에서 활성화되는 메타인지 과정을 평가하는 것이 임상적으로 더 유용한 접근이다.

지금부터 평가 질문은 인지행동치료와 상당히 다르며, 생각에 대한 메타인지 신념, 사고 통제 과정에 대한 메타인지 신념, 스트레스에 반응할 때 나타나는 개인의 목표와 인지 과정의 특성에 초점을 둔다. 이 세 가지 영역은 여섯 개의 서로 다르지만 중첩되는 범주로 유용하게 더 작게 나눌 수 있으며, 다음에 개요가 설명되어 있다. 질문의 예가 포함되었지만, 관심있는 독자들은 메타인지 프로파일링에 대한 상세한 논의를 위해 Wells(2000)를 참조하기 바란다.

메타인지 신념과 평가

• 예를 들어, 불안, 두려움, 처지는 기분, 분노를 느꼈을 때 당신의 정신 상태에 대해 어떤 생각을 가졌습니까? 어땠습니까? 당신은 걱정/반추가 어떤 식으로든 위험하거나 해로울

수 있다고 생각합니까?

대처 전략과 목표

- 당신이 [어떤 정서]를 느꼈을 때 당신은 그 상황/감정에 대처하기 위해 무엇을 했습니까?
- 당신은 생각/감정을 통제하기 위해 무엇을 했습니까?
- 이러한 대처 전략을 사용할 때 당신의 목표는 무엇입니까?
- 당신의 대처 전략이 성공했다는 것은 당신에게 무엇을 말해줍니까?

주의 과정

- 당신은 그 상황에서 무엇에 가장 주의를 기울이고 있었습니까?
- 당신은 느낌/생각/그 상황에 초점을 맞추고 있었습니까?
- 당신은 자의식적이었습니까? 당신은 무엇을 가장 의식하고 있었습니까?

기 억

- 당신은 그 상황에서 어떤 기억을 주목하였습니까?
- 일어난 일을 해결하기 위해 혹은 그 상황을 다루기 위해 당신의 기억을 이용하였습니까?

판 단

- 그 상황에서 어떻게 그런 판단을 하였습니까?
- 당신의 생각, 느낌, 판단, 기억에 대해 얼마나 확신하였습니까?

처리 양식

- 당신은 현실에 기초해서 생각/판단을 사실로 받아들였습니까?
- 당신의 생각이 그 상황에서 일어난 일을 잘 나타내지 못한다고 볼 수 있습니까?
- 부정적인 생각과 느낌이 일어났을 때 그것으로부터 거리를 유지할 수 있었습니까?

메타인지 질문지 평가

모든 형태의 인지행동치료에서 자기 보고 질문지가 사용되며, 치료 중에나 치료 후에 증상의 심각도를 평가하고 관찰하는 데 중요하다. 질문지 역시 문제를 유지하는 원인이 되는 잠재적인 심리적 기제를 평가하기 위한 것이다. 메타인지치료에서 자기 보고 질문지는 인지적 주의 증후군의 요소를 결정하는 데 도움이 된다. 선택된 질문지를 회기마다 실시함으로써 임상가는 치료에서 어떤 메타인지 신념과 과정을 표적으로 삼아야 할지에

대해 알 수 있다. 측정도구의 범위는 메타인지치료에 특화되어
개발되고 사용되었다.

　가장 유용한 일반적인 메타인지 질문지 중 하나가 메타인지
질문지-30(Metacognitions Questionnaire-30: MCQ-30; Wells &
Cartwright-Hatton, 2004)인데, 이는 걱정에 대한 긍정적인 신념
과 생각의 통제 불가능성과 위험에 대한 부정적인 메타인지 신
념, 인지적 확신에 대한 신념, 인지적 자의식(자신의 마음을 관찰
하는 경향)을 평가한다. 장애 특정적인 질문지도 많이 있다. 예
를 들면, 우울에서 반추에 대한 긍정적인 메타인지 신념과 부정
적인 메타인지 신념을 평가하도록 고안된 질문지가 있다. 왜냐
하면 이러한 범주의 신념이 반추를 유지하고, 결국 우울을 유지
하는 데 중심 역할을 하기 때문이다. 구체적인 측정도구는 반추
에 대한 긍정적 신념 척도(Positive Beliefs about Rumination Scale:
PBRS; Papageorgiou & Wells, 2001)인데, 이는 '반추하는 것은 내
가 우울에 대한 답을 찾는 데 도움이 될 것이다.'와 같은 신념을
측정한다. 동전의 뒷면처럼 반추에 대한 부정적 신념도 반추에
대한 부정적 신념 척도(Negative Beliefs about Rumination Scale:
NBRS; Papageorgiou et al., 준비 중)로 측정되어야 하는데, 이는 반
추의 사회적 · 대인관계적 결과에 대한 신념뿐만 아니라 반추의
통제 불가능성과 유해성에 대한 신념을 측정한다.

　메타인지에 초점을 맞춘 질문지와 AMC 분석 그리고 메타인지
프로파일링을 사용함으로써 메타인지치료자는 장애 특정적인
메타인지 모델에 기초해서 개별적인 개념화를 할 수 있는 견고

한 발판을 갖추게 된다. 평가의 초점이나 그 결과로 나타나는 개념화는 인지행동치료와 새로운 흐름의 인지행동치료에서 보이는 것과 매우 다르다.

18

메타인지치료에서 사례개념화

    사례개념화는 경험적으로 지지된 인지행동적 접근을 일반적인 정신건강 문제에 적용하는 데 있어서 통합적인 역할을 한다. 사례개념화를 하는 강력한 이론적·임상적 이유가 있으며, 이 점에서 메타인지치료는 인지행동치료와 다르지 않다. 사례개념화는 평가와 치료를 연결해 주며, 치료 과정 중에 확인하고 수정해야 할 심리적 개념들을 구체화한다. 메타인지치료에서 사례개념화의 특성과 구성이 특징인데, 여기서는 우울과 관련해서 설명할 것이다. 사례개념화는 14장에서 기술한 우울증의 메타인지 모델에 기초한다. 사례개념화를 위해서는 다섯 가지 주요 요소를 도출해야 한다. 이는 유발인, 반추의 특징, 유발인에 대한 반응으로 반추가 계속되게 하는 긍정적인 신념, 부정적인 메타인지 신념과 유용하지 않은 대처 반응이다. 치료적 대화의 간단한 예가 다음에 제시되어 있다.

1단계: 유발인 확인하기

치료자: 최근에 기분이 처지는 것을 좀 더 잘 자각하게 되었던 때를 생각할 수 있습니까? 당신이 가장 먼저 알아차린 것은 무엇이었습니까? 생각, 느낌 혹은 특정한 상황?

환 자: 내가 TV를 보고 있을 때였어요. 한 남자가 외로워하는 영화가 있었고요. 나는 그 사람이 나처럼 혼자라고 생각했어요.

2단계: 반추의 특징 결정하기

치료자: '나는 혼자야.'라는 생각을 했을 때 그다음에 당신은 계속 무엇에 대해 생각했나요? [치료자는 반추의 특성에 대해 탐색하고 있다.]

환 자: 글쎄요, 그것이 오래된 똑같은 상황이라는 생각을 하기 시작했어요. 나는 혼자 TV를 보면서 앉아 있었고, 내가 왜 이 상황에 있는지 생각하기 시작했어요. 내 삶이 항상 끔찍할 것이라는 생각으로 끝났어요.

치료자: 혼자라는 것에 대해 그리고 아무것도 변하지 않았다는 것에 대해 얼마나 오랫동안 생각했나요?

환 자: 확실하지는 않지만 꽤 오랫동안이에요. 나는 프로그램에 집중할 수가 없었어요. 아마도 30분 혹은 그 이상이었을 거예요.

3단계: 반추를 우울과 연결하기

치료자: 우스운 질문처럼 들릴 수 있지만, 당신이 그런 생각을 했을 때 당신 기분은 어떻게 되었나요?

환　자: 분명 안 좋아졌어요. 울적해질 뿐만 아니라 스스로에게 실망하기 시작했어요.

4단계: 부정적인 메타인지 신념을 끌어내기

치료자: 기분이 처지고 실망스러웠을 때 당신이 느끼는 방식에 대해 어떤 생각을 했나요?

환　자: 그건 피할 수 없고, 내 마음을 다잡을 수 있어야 한다고 생각했어요.

치료자: 당신의 상황과 기분이 어떤지에 대해 생각하는 데 너무 많은 시간을 들이는 것 같아요. 만약 당신의 상황에 대해 생각하는 데 그렇게 오랜 시간을 들이지 않는다면 어떤 일이 생길까요?

환　자: 잘 모르겠어요.

치료자: 음, 자신에 대해 그리고 상황에 대해 더 많이 생각하면 할수록 기분이 더 안 좋아지는 것 같아요. 당신의 삶이 변하지 않는다고 생각할 때 모든 것이 나빠진 것처럼 보일 것 같아요. 반추하는 것을 멈추는 것이 도움이 될 거라고 생각하십

니까?

환　자: 사실 그럴 수 있으면 좋겠어요. 내 삶에 대해 생각하기 시작하면 나는 모든 것이 얼마나 끔찍한지 생각하는 것을 멈출 수가 없어요.

치료자: 이 주제에 대해 반추하는 것이 도움이 되지 않는다는 것을 알지만, 그 생각을 하는 것을 멈추는 것이 불가능하다고 생각하는 것 같아요.

환　자: 하지만 내 삶은 형편없어요.

5단계: 긍정적인 메타인지 신념을 발견하기

치료자: 우리가 방금 이야기한 것처럼 그런 식으로 반추하는 것이 어떤 식으로든 당신에게 도움이 될 거라고 생각하십니까?

환　자: 꼭 그렇지는 않지만 가끔 그것에 대해 계속 생각하면, 해결책이 내 머릿속에 떠오르고 내가 왜 이런지 이해할 수 있다고 생각해요.

치료자: 당신이 그 상황에 대해 생각하는 것을 멈추었다면, 불리한 점이나 어떤 문제가 있었을까요?

환　자: 아마 기분이 좀 더 나아졌겠지만 내가 이런 것을 생각하지 않았다면 나는 다시 우울해지는 것을 막는 방법을 알 수 없었을 거예요.

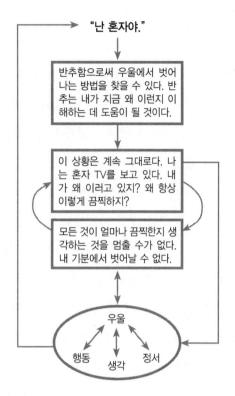

[그림 4] 우울증에 대한 메타인지 사례개념화

앞의 정보는 [그림 4]에 제시된 바와 같이 개별적인 사례개념화를 하는 데 사용할 수 있다. 우울증에 대한 메타인지 모델(Wells, 2009)은 우울증에 대한 인지 이론(Beck et al., 1979)과 중첩되는 부분이 거의 없다. 메타인지치료는 사례개념화를 할 때, 그리고 치료 과정에서 Beck의 인지 모델의 세 가지 기본 요소에는 최소한의 주의만 기울인다. 핵심 신념(도식), 부정적인 자동적 사고 혹은 인지적 왜곡에 대해 상세하게 평가하지 않는다. 메타인지치료자는 이러한 요소를 완전히 무시하지는 않으며, 이러

한 요소들을 인지적 주의 증후군을 유지하는 메타인지 신념과
과정을 나타내는 표식으로 여긴다. 예를 들면, 부정적인 자동적
사고는 반추에 대한 긍정적인 메타인지 신념과 부정적인 메타인
지 신념을 포함하는 메타인지 계획의 유발인에 해당한다. 메타
인지치료에서 다루는 것은 이러한 신념과 반추 과정이지 부정적
인 자동적 사고의 현실 검증이 아니다.

  우리는 우울증에 대한 메타인지적 사례개념화의 독특한 특성
을 강조했지만 모든 장애에 대한 사례개념화가 정신병리에 대한
자기조절적 실행기능 모델에 기초하며, 따라서 정서장애에 대한
행동 모델이나 다른 인지 모델과 다르다는 것에 주목해야 한다.
이에 대한 추가 설명은 다음에 제시한 강박장애와 외상후 스트
레스 장애에 대한 사례개념화의 간단한 개요에서 볼 수 있다.

  강박장애에서 사례개념화는 '집이 불타 없어질 것이라고 생각
하는 것은 그것이 사실이라는 의미다.' 혹은 '내가 소아성애자
일 수 있다고 생각하는 것이 그렇게 만들 것이다.'와 같은 강박
사고에 대한 메타인지 신념을 끌어내는 것과 관련된다. 인지적
평가를 하지 않고 메타인지 신념에 주로 초점을 맞추는 것은 메
타인지치료의 독특한 점이다. 이러한 신념에 더해, 메타인지치
료자는 의식에 대한 신념을 정보에 포함시켜야 한다. 이는 '의식
은 나에게 마음의 평화를 준다.'처럼 긍정적일 수도 있고, '내 의
식은 통제되지 않는다.'처럼 부정적일 수도 있다. 인지적 개입과
행동적 개입에서 그런 신념이 우연히 바뀔 수는 있지만, 다른 접
근은 의식에 대한 긍정적 신념과 부정적 신념을 분명하게 개념

화하지는 않는다.

다른 장애와 마찬가지로 외상후 스트레스 장애에서 사례개념
화는 인지적 주의 증후군이 어떻게 외상후 스트레스 장애를 유
지시키는지를 전달하는 데 관심이 있으며, 이는 14장과 30장에
상세히 기술하였다. 요약하면, 메타인지치료자는 '걱정이 나를
안전하게 해 줄 것이라는 신념이 내가 계속해서 걱정을 하게 만
들 것이다.'처럼 걱정, 반추, 위협 탐지 그리고 다른 대처 전략에
대한 메타인지적 신념이 이러한 과정을 계속 작동하게 만든다는
사실을 강조한다. 증상 그 자체가 위험의 원천이라는 신념(예:
'내가 그 사건에 대해 계속해서 생각하면 나는 미쳐 버릴 거야.')과 같
이 부정적인 메타인지 신념은 증상의 중요성에 초점을 맞춘다.
다른 인지적 접근은 역효과를 낳는 행동과 사고방식을 유지하는
데 있어서 메타인지 신념의 역할을 강조하지 않으며, 자서전적
기억 과정의 문제에 더 많은 관심을 가지고 있다.

19

메타 수준 사회화 절차

효과적이고 효율적인 치료를 위해서는 환자를 치료의 특징과 이론적 모델에 성공적으로 사회화시키는 것이 매우 중요하다. 어떤 치료적 접근이든 사회화가 잘 이루어지지 않으면, 환자가 치료의 목표를 깨닫지 못하고 치료자와 이해를 공유하지 않았기 때문에 치료 과정에서 종종 문제가 생긴다. 메타인지치료는 다루어지는 장애에 상관없이 인지적 주의 증후군(3장 참조)과 메타인지적 신념이 문제를 유지하게 하는 역할에 있어 환자가 사회화된다는 점에서 다른 인지행동치료 접근과 다르다.

메타인지치료자들은 많은 외현적 사회화 방법을 사용할 수 있지만, 이를 기술하기 전에 메타인지 모델에 대한 내현적 사회화가 평가 단계에서 시작된다는 것을 아는 것이 중요하다. 17장에 기술한 바와 같이 메타인지 신념과 과정을 평가하는 자기보고 질문지는 환자에게 일상적으로 시행된다.

이 질문지에서 얻은 유용한 임상적 정보 외에 질문지를 실시하는 것은 메타인지적 자각을 증가시키는 데 도움이 되고 환자가 치료 목표에 적응하도록 만들어 준다. 예를 들면, 환자들은 종종 걱정하는 데 얼마나 많은 시간을 들였는지 생각해 보지 않았다거나 생각을 통제하려고 몇 번이나 시도했는지 생각해 보지 않았다고 보고한다. 특정한 메타인지 질문지를 실시하면, 환자가 적절한 정신적 틀을 습득하는 데 도움이 되며, 대상 양식에서 메타인지 양식으로 전환하는 과정을 시작하게 한다.

사회화 과정의 핵심은 사례개념화로, 이는 정서장애를 유지시키는 메타인지 과정을 이해하기 위한 이론적으로 타당하고 일관된 틀을 환자에게 제공하는 기제다. 일단 사례개념화가 구성되면(우울증에 대한 메타인지적 개념화는 18장 참조), 치료자의 과제는 개념화의 각 요소들이 장애를 유지하는 데 어떻게 기여하는지를 잘 설명하는 것이다. 반추의 영향을 설명하기 위해 치료자가 사용해야 하는 질문의 예는 다음과 같다.

- 당신이 반추할 때, 반추하는 것이 기분이 더 나아지게 만듭니까?
- 반추의 내용을 기술한다면, 그건 긍정적인가요? 부정적인가요?
- 반추로 인해 어려운 상황을 해결하는 방법이 생겼습니까?
- 반추가 행동으로 나타날까요? 아니면 무활동을 야기할까요?
- 반추가 울적한 기분을 극복하고 이에 대처하는 데 도움을 줍니까?

메타인지치료에서 매우 중요한 목표는 인지적 주의 증후군이 현재의 어려움을 유지시키는 데 어떤 역할을 하는지에 대해 환자를 사회화하는 것이다. 특히 걱정이나 반추의 형태로 나타나는 보속성은 자기 지식이 갱신되는 것을 막을 뿐만 아니라 고통을 악화시키고 깊게 만드는 역할을 한다. 또한 주의 전략과 특정한 대처 반응이 메타인지 신념을 수정하는 것을 방해하고 장애를 유지하는 위협 지각에 기여한다는 것을 강조하며 사회화가 이루어진다.

범불안장애와 관련하여 메타인지치료에서 사회화는 걱정을 하는 것이 아주 흔한 현상이지만 걱정에 대한 특정한 긍정적 신념과 부정적 신념 때문에, 그리고 역효과를 낳는 특정한 대처 시도 때문에 어떤 사람에게는 문제가 될 수 있다는 사실을 전달하는 데 초점을 둔다. 환자가 걱정에 대해 대처하려고 시도하고 사용하는 전략이 성공적이지 않고 오히려 걱정이 통제 불가능하다는 신념을 부채질한다는 것을 이해하도록 도와야 한다. 메타인지치료자는 걱정에 대한 긍정적 신념과 부정적 신념이 서로 상충되는 특성을 강조하며, 환자가 이러한 두 유형의 신념을 가지는 것이 걱정을 유지시키는 원인임을 인식해야 한다. 통제 불가능성과 위험 관련 메타인지가 주된 문제라는 것을 예증하는 데 유용한 사회화 질문은 "걱정이 통제 불가능하고 위험하다고 더 이상 믿지 않는다면, 당신은 얼마나 많은 문제를 갖게 되나요?"다. 환자들은 전혀 문제가 없음을 쉽게 깨닫는다.

범불안장애에 대한 메타인지치료(Wells, 1995, 1997)에서, 통제 불가능성에 대한 부정적인 메타인지 신념이 가장 중요하다. 이는 범불안장애에 대한 다른 일반적인 혹은 특수한 모델의 특징이 아니다. 예를 들면, Beck의 모델에서(Beck et al., 1985) 환자들은 범불안장애의 도식 모델에 사회화되는데, 이 모델에서는 세상은 위험한 곳이고 자신은 대처할 수 없다는 핵심 신념이 중심이다. 그런 신념은, 예를 들면 '나는 대부분 효과적으로 대처할 수 있어.'와 같이 대안적인 혹은 보다 현실적인 신념을 발견하지 못하게 막는 행동을 하게 한다. 보다 구체적인 도식 이론은 불확실성에 대한 감내력 부족 모델이다(Dugas et al., 1998). 이 모델에서 환자들은 확실함의 필요성과 관련된 그들의 지각과 신념이 걱정과 불안에서 근본적인 역할을 한다는 생각에 사회화된다. 일상생활에서 불확실성을 제거하는 것이 불가능하기 때문에 이는 치료 목표가 아니다. 치료 목표는 환자가 불확실한 상황을 수용하고 좀 더 잘 다룰 수 있도록 도움으로써 불안과 걱정을 줄이는 것이다. 불확실성에 대한 감내력 부족 모델 역시 걱정에 대한 긍정적 신념의 유지 역할에 대해 환자를 사회화하지만 걱정에 대한 부정적 신념에는 초점을 맞추지 않는다. 대신 문제 해결과 인지적 노출에 초점을 맞춘다.

18장의 사례개념화에서 우리는 강박장애에 대한 메타인지치료가 분명히 침투 사고와 의식에 대한 메타인지 신념에 초점을 맞추고, 그렇기 때문에 환자들은 이러한 신념이 장애를 유지하는 역할을 한다는 것에 사회화됨을 강조하였다. 강박장애에 대해서는 많은 모델이 개발되었으며, 이들은 몇 가지 특징을 공유

한다. Clark(2004)은 인지적 접근 간에 차이점보다 유사성이 많으며, 모두 평가 모델로 분류할 수 있다고 주장한다. 침투 사고에 대한 해석이 중요하다는 점에서 메타인지 모델이 평가 모델이라는 것은 사실이다. 구별되는 점은 메타인지치료는 메타인지 과정에 초점을 맞추고 이에 대해서만 환자를 사회화하는 반면, 다른 접근들은 과도한 책임감, 위험에 대한 과대평가, 확실함에 대한 욕구와 같은 몇 가지 인지 영역에 초점을 맞춘다는 것이다.

행동 실험은 대개 환자에게 메타인지 모델을 사회화하는 데 사용된다. 전통적인 인지행동치료 접근에서 사고 억제 실험은 이 전략이 역효과를 낳고 원하지 않는 생각을 늘리는 경향이 있다는 것을 예증하는 데 사용된다. 메타인지치료에서 사고 억제 실험은 사고 억제의 역효과적인 측면을 증명하는 데도 사용되지만 메타인지적 접근에 의거해서 사용되기도 한다. 예를 들면, 범불안장애에서 사고 억제 실험은 여러 기능을 할 수 있다. 첫째, 생각을 통제하려는 개인의 시도가 통제 불가능성 신념을 부채질한다는 것을 예증한다. 사고 억제 실험을 수정해서 거리두기 마음챙김을 촉진하는 데 사용한다(25장 참조). 이는 또한 침투적인 사고에 대한 반응으로 특정한 전략을 의식적으로 선택하고 있으며, 따라서 침투적 사고가 감지될 때 다른 결정과 선택을 할 수 있음을 증명하는 데도 사용된다.

20

메타인지적 처리 양식으로 바꾸기

  메타인지치료에서 핵심적인 치료 목표는 환자가 처리 양식을 바꾸도록 돕는 것이다. 핵심은 치료자가 분명하게 메타인지 수준에서 작업해야 하며, 이는 인지치료의 부산물이 아니라는 점이다. 메타인지 수준에서 작업함으로써(16장 참조) 환자에게 역기능적인 사고방식과 과정에 대한 자각을 증가시키도록 하고, 인지에 대한 정신적 모델과 생각을 경험하는 방식을 변화시키도록 해야 한다.

  메타인지적 처리 양식을 발전시키는 것은 정신적 사건과 과정에 대해 새로운 인식을 발달시키는 것으로 이루어진다. 환자들에게 걱정스러운 사고가 생기는 것이 문제가 아니라 내적인 경험과 관계를 맺는 방식에 문제가 있음을 알도록 도와야 한다. 이 과정은 사회화에서 시작해서(19장 참조) 거리두기 마음챙김과 메타인지 신념의 수정 같은 구체적인 전략을 이용하여 계속되어야 한다.

예를 들면, 강박장애 환자는 대상 양식에 있으며, 세균과 먼지에 오염되는 것에 대한 두려움을 가지고 있는 것으로 보인다. 하지만 치료 목표는 환자가 메타인지적 처리 양식으로 변환하도록 돕는 것이며, 이는 먼지와 세균에 대한 생각에 너무 많은 중요성을 부여하는 것을 문제로 보는 것이다. 어떤 면에서 환자가 메타인지적 경험 양식을 습득하고 이러한 양식으로 변환하도록 돕는 것이 메타인지치료의 전부라고 볼 수 있다.

21

부정적인 메타인지 신념 수정하기

메타인지치료는 부정적인 메타인지 신념을 수정하는 데 확실하게 초점을 맞추는 유일한 접근법이다. 생각이나 보속적 사고에 대한 부정적인 메타인지 신념은 걱정/반추가 통제 불가능하다는 신념과 이러한 사고방식의 위험에 대한 신념으로 나눌 수 있다. 전형적인 통제 불가능성 신념은 걱정/반추하기가 통제를 벗어난다는 것인 반면, 위험 관련 신념의 예는 '걱정하는 것이 나를 미치게 할 수 있다.'와 '내가 내 상황에 대해 생각하는 데 얼마나 많은 시간을 보내는지 사람들이 알게 되면 나를 거절할 거야.'와 같은 것이다. 보속적인 사고를 경험하는 동안 이러한 부정적 신념을 활성화하여 사고를 확장시키고, 걱정하기나 반추하기에 대한 부정적인 평가를 유발한다. 이는 불안, 우울감, 다른 고통스러운 정서를 악화시킨다.

통제 불가능성 신념을 수정하기

우울증과 범불안장애에 대한 메타인지치료에서, 첫 번째 치료 표적은 걱정이나 반추의 통제 불가능성에 대한 신념을 바꾸는 것이다. 이는 사례개념화 후에 통제 불가능성을 지지하는 증거와 반증하는 증거를 논의함으로써 이루어진다. 환자에게 다음과 같이 난제가 주어진다. "만약 걱정이 완전히 통제 불가능하다면, 어떻게 멈출까요?" 어떤 환자는 걱정이 끝이 없다고 보고하지만 자세히 질문해 보면 몰입하게 만드는 과제를 열심히 하고 있다거나 걱정에서 주의가 분산되어 있을 때처럼 걱정이나 반추를 하지 않는 중요한 시기가 있다는 사실을 이끌어 낼 수 있다. 이때, 걱정/반추 연기 실험이 도입된다. 환자에게 침투적 사고와 같은 걱정/반추의 유발인을 알아차리고, 걱정/반추를 그날 늦게까지 단지 지연하도록 요청한다. 환자에게 반추/걱정을 하는 데 15분을 들일 수 있지만 의무적인 것은 아니라고 말해 준다. 이는 통제 불가능성 신념에 도전하는 가장 효과적인 전략 중 하나로 23장에서 자세히 기술하였다. 이것은 걱정이 쉽게, 기꺼이 통제될 수 있다는 것을 빠르게 증명한다.

하지만 걱정/반추 연기는 통제 불가능성 신념을 바꾸는 단 하나의 방식이다. 메타인지치료자는 통제 상실 실험을 사용할 수 있는데, 여기서 환자에게 특히 걱정에 대한 통제를 시도하고 또 통제를 놓아 보도록 요청한다. 이는 회기 중에 이루어질 수도 있고, 과제로 할 수도 있다. 환자가 이 실험을 할 때 역설적 효과가 있다. 왜냐하면 환자는 자신의 걱정이 더 통제 가능하다고 여기고, 따라서 통제 상실이 가능하지 않음을 증명하기 때문이다.

강박장애에서 환자들은 강박적 의심을 없애지 않으면 자신의 생각에 대한 통제를 잃어버리거나 마음의 평화를 갖지 못할 것이라고 믿는다. 이 경우에 그들이 통제를 잃어버리는지 보기 위해 평소에 사용하던 의식(예: 확인)을 연기하도록 요청한다. 이후에 통제를 잃어버리는 것이 가능한지 보고, 침투 사고와 대안적인 관계를 형성하기 위해서 '더 의심하기' 같은 실험을 할 수 있다.

위험 메타인지를 수정하기

범불안장애에 대한 메타인지치료에서 사람들은 신체적·사회적·심리적 세 영역에 해당하는 걱정의 위험에 대한 부정적인 메타인지 신념을 가지고 있다. 전형적인 신념에는 '걱정하는 것은 내 몸에 해롭고, 심장발작을 일으킬 수 있다.' '그녀에게 나의 걱정을 모두 말하면 나를 떠날 것이다.' 그리고 '걱정하는 것은 나를 미치게 할 수 있다.'가 있다. 각 유형의 신념은 언어적·행동적 재귀인 방법을 통해 수정된다. 메타인지치료에서 사용할 수 있는 언어적 재귀인 방법이 많이 있는데, 이는 다음과 같다.

1. 기제에 대해 질문하기

2. 걱정이 해롭다는 증거를 탐색하기

3. 반대되는 증거를 살펴보기

4. 교육 그리고 걱정의 발생을 정상화하기

이러한 언어적 재귀인 방법 후에 메타인지 신념의 변화를 공고히 하기 위한 행동 실험을 연달아 할 수 있다. 범불안장애에 대한 메타인지치료의 일부로 구체적인 실험이 개발되었으며, '통제 상실' 실험도 이에 포함된다(Wells, 1997). 예를 들면, 환자들은 마음이나 행동에 대한 통제를 잃어버리는 것을 염려할 수 있다. 그 환자에게 할당된 걱정 기간 동안이나 치료 회기 동안 가능한 한 많이 걱정함으로써 두려워하는 사건이 현실이 되게 만들어 보도록 요청한다. 환자에게 실생활에서 걱정 유발인을 알아차릴 때 동일한 방식으로 걱정을 하도록 요청하여 이를 강화할 수 있다. 이러한 실험은 종종 위험과 통제 불가능성 신념 둘 다를 수정하는 목적에 도움이 된다. 약간 바꾸더라도 유사한 전략을 정서장애에 사용할 수 있다. 예를 들면, 강박장애 환자는 강박적 반추가 통제 불가능하다고 믿을 것이다. 이 경우에 걱정 연기 실험을 적용할 수 있으며, 의식에 대한 통제 불가능성 신념으로도 확대할 수 있다.

보속적인 사고의 통제 불가능성과 위험에 대한 부정적인 메타인지 신념에 분명하게 초점을 맞추는 것은 메타인지치료의 독특한 실제적 특징이다. 범불안장애에 대한 다른 형태의 인지치료나 행동치료는 걱정의 통제 불가능성에 대한 부정적인 메타인지

신념이나 위험과 관련된 메타인지를 직접 수정하려고 시도하지
는 않는다. 다른 장애에서도 마찬가지다. 우울증에서 인지행동
치료는 반추의 통제 불가능성이나 반추를 하여 나타나는 사회적
결과와 대인관계 결과에 대한 부정적인 메타인지 신념에 초점을
맞추지 않는다. 행동 활성화와 같이 최근에 발전된 치료는 반추
수준을 감소시키는 회기를 포함하지만, 부정적인 메타인지의 수
정을 그러한 변화를 성취하기 위한 수단으로 보지는 않는다.

22

긍정적인 메타인지 신념 수정하기

긍정적인 메타인지 신념에 의해 원하지 않는 생각이나 느낌에 대해서 유용하지 않은 대처 전략을 사용하여 반응하기 때문에 긍정적인 메타인지 신념을 수정하는 것은 모든 정서장애에 대한 메타인지치료에서 꼭 필요하다. 범불안장애의 사례를 예로 들어 이를 설명할 수 있다. 종종 ('시험에 떨어지면 어떡하지?'와 같은) '어떡하지' 질문의 형태로 침투적 사고가 일어난다. 이때, 보통 이 침투에 대해 할 수 있는 반응은 ① 시험에 낙방하는 것에 대해 그리고 실패의 결과에 대해 걱정하기, ② 침투적 사고를 억제하려고 시도하기, ③ 예를 들면 다른 것에 대해 생각하거나 숫자 거꾸로 세기와 같은 정신적 주의 분산, ④ 물리적 주의 분산, ⑤ 25장에서 살펴볼 거리두기 마음챙김을 포함해서 다양하다. 하지만 범불안장애에서 걱정은 가장 일반적으로 유지되는 전략이다. 이것은 효과적으로 대처하기 위해 걱정하는 것이 필요하다는 긍정적인 메타인지 신념을 활성화하였기 때문이다.

환자들이 주의 전략과 특별한 대처 행동에 대해 긍정적인 신념을 가지고 있듯이 긍정적인 메타인지 신념은 인지적 주의 증후군의 한 요소인 보속적 사고에 국한되지 않는다. 예를 들면, 외상후 스트레스 장애와 강박장애에서 환자들은 '위험 신호가 있는지 환경을 훑어 보는 것은 나를 안전하게 해 줄 거야.'와 같이 위협 탐지에 대한 긍정적인 신념을 가지고 있다. 종종 정서 그 자체가 위험한 것으로 평가되기 때문에 위협 탐지는 외적 자극으로 제한되지 않는다.

긍정적인 메타인지 신념을 수정하는 것은 언어적 재귀인에서 시작한다. 우울한 환자들은 대개 반추의 기능에 대해 광범위한 긍정적인 신념을 형성하지만, 보통은 크게 두 영역으로 구분할 수 있다. 첫째, 반추가 우울의 원인을 밝히는 데 도움이 될 것이다. 둘째, 반추가 우울을 극복하는 방법에 대한 대답을 줄 것이다. 불행히도 이러한 잘못된 긍정적인 신념이 우울을 유지하는 반추를 더하게 만들고, 해결책이 기적적으로 나타나지 않게 한다.

메타인지치료자는 장단점을 분석하고, 걱정과 반추에는 장점보다는 단점이 더 많음을 지적한다. 다음 단계는 환자가 만들어 낸 장점을 비판적으로 평가하고 도전하는 것이며, 그 후에 반추를 통해서가 아니라 장점을 얻는 더 좋은 방법이 있는지를 탐색해 본다. 인지행동치료에서 치료자는 항상 장단점 분석 기법을 사용하지만, 이는 메타인지 신념이 아니라 보통의 신념(예: "당신이 일을 완벽하게 해야 한다고 믿는 것의 단점은 무엇입니까?")을 바꾸는 것을 겨냥한다.

종종 메타인지치료자는 긍정적 신념에 도전하기 위해 "반추가 도움이 된다면, 당신은 왜 계속 기분이 울적한 문제를 가지고 있습니까? 이는 반추의 유용성에 대해 당신에게 무엇을 말해 줍니까?"와 같이 매우 직접적인 질문을 할 필요가 있다. 이런 유형의 질문을 한 뒤에 역설적 제안을 제시할 수 있다. 예를 들어, 메타인지치료자는 "반추가 도움이 된다는 것이 맞을 수 있습니다. 아마도 당신이 문제에 대해 반추하는 데 충분히 많은 시간을 쓰지 않는다는 것이 문제인 것 같습니다."라고 말할 수 있다. 이것이 유용한 방식이 아니라는 것을 환자는 쉽게 깨닫는다. 이런 식으로, 환자는 반추가 유익하지 않다는 것을 이해하게 된다.

반추를 수정하기 위한 다른 언어적 재귀인 전략에는 반추가 작용하는 기제에 대해 질문하고, 반추가 더 많은 문제와 부정적인 기분 상태를 유발하며 해결책은 거의 제시하지 않음을 강조하는 것이 있다. 유사한 주제로 계속해서 메타인지치료자는 반추의 목표를 탐색하고, 이러한 목표를 이루는 데 있어서 반추의 효과에 대해 질문한다. 이 경우에 과제는 목표를 이루는 더 효과적인 대안을 만들어 내는 것이다. 다른 방법은 환자가 반추를 멈출 때를 알려 주는 것으로, 정서적 안정과 같은 부적절한 기준을 사용하고 있는지 치료자가 탐색하는 것이다. 그리고 나서 반추가 없으면 이러한 목표를 더 효과적으로 성취할 것이라는 생각과 같은 대안을 강화해 줄 수 있다.

언어적 재귀인 전략이 반추에 대한 긍정적인 신념을 수정하는 데 종종 도움이 되지만, 때로는 이러한 신념을 수정하기 위해 행동 실험을 실시할 필요가 있다. 공통된 신념은 반추가 문제를 해결하는 데 도움이 된다는 것이며, 이 신념을 검증하기 위해 환자에게 어느 날 반추를 하고 다음 날에는 최소한 혹은 반추를 전혀 하지 않고 반추한 날에 더 많은 문제가 해결되었는지 주목하도록 요청한다. 이런 실험들은 걱정/반추 조절 실험이라고 부른다 (Wells, 2000).

걱정의 기능에 대한 긍정적인 메타인지 신념은 '불일치 전략'을 통해서 수정할 수 있다(Wells, 1997). 이 전략은 환자에게 특정한 걱정 일화에 포함된 모든 걱정을 기록하고, 이 걱정을 실제 사건과 비교하도록 요구한다. 이는 언어적 재귀인 전략으로 사후에 행할 수도 있고, 행동 실험으로 전향적으로 이루어질 수도 있다. 후자의 경우, 환자에게 다가올 사건에 대해 걱정하도록 요청하고, 모든 걱정을 기록하게 한다. 그리고 나서 환자는 두려워하는 상황에 노출되고, 실제 사건과 부정적 예측을 비교한다.

23

걱정/반추 연기

걱정과 반추는 모든 정서장애에서 나타나기 때문에 주된 치료 목적은 이를 제거하거나 적어도 이러한 부적응적 사고방식에 사로잡혀 보내는 시간을 줄이는 것이어야 한다.

걱정/반추 연기 실험은 메타인지치료에서 사용되는 전략으로, 메타인지적 통제를 강화하는 데 도움을 주지만 주로 이러한 정신 과정의 통제 불가능성에 대한 메타인지 신념에 도전하는 데 사용된다. 위험과 관련된 부정적인 메타인지 신념이 치료 과정에서 분명하게 다루어야 하지만, 걱정/반추 연기 실험은 이 영역의 신념 역시 감소시킬 수 있다.

걱정/반추 연기는 인지행동치료자도 쉽게 알 수 있는 언어적 재귀인 전략에서 시작한다. 하지만 표적 신념은 '나는 나의 걱정스러운 생각들을 통제할 수 없어.'와 같은 통제 불가능성에 대한 메타인지 신념이지, '실직하면 어떡하지?'와 같은 인지적 수준의 신념이 아니다. 보속적인 사고를 통제할 수 있음을 증명하기 위

해(부정적인 메타인지 신념의 언어적 재귀인에 대해서 더 자세히 알고
싶으면 21장 참조하라) 메타인지치료자는 걱정과 반추의 통제 불
가능성을 지지하는 증거와 이에 반하는 증거를 환자와 함께 살
펴본다. 언어적 재귀인 후에, 걱정/반추 연기는 다음 예시된 바
와 같이 적절한 근거와 함께 소개된다.

걱정이 통제되기 어렵다는 당신의 신념이 당신의 불안과 걱정을 지속
시키는 데 있어서 중요한 역할을 한다는 것에 대해 논의해 왔습니다.
당신이 걱정이 통제되기 어렵다고 믿는 이유 중 하나는 성공적으로 걱
정을 멈추었던 경험이 적기 때문입니다. 불행히도, 걱정하는 것을 멈
추려고 했을 때 당신이 사용했던 전략, 예를 들면 특정한 주제에 대해
생각하지 않으려고 하는 것이 잘 안 되었을 수 있습니다. 이런 전략을
사용하는 것은 사실은 걱정이 통제 불가능하다는 당신의 신념을 부채
질해 왔습니다. 그래서 나는 당신이 걱정이 생길 때 걱정에 대해 다른
방식으로 반응하려고 노력해 보기를 바랍니다.

그다음에 환자에게 다음과 같이 분명한 지시를 제공한다.

걱정이 당신 머릿속에 떠오르는 것을 알아차리면, "멈춰. 이것은 생각
일 뿐이야, 나는 지금 여기에 휘말리지 않을 거야, 나는 그것을 그냥
놔두고 나중에 걱정할 거야."라고 당신에게 말해 주기 바랍니다. 그
날 지금보다 나중 시간으로 할당하고, 그때 15분간 걱정할 수 있는
시간을 주세요. 그때가 되면 당신은 미루어 두었던 걱정을 할 수 있으

며, 원하는 만큼 많이 걱정하세요. 하지만 이 걱정 시간을 사용할 필요는 없으며, 많은 사람이 걱정에 대해 잊어버리거나 걱정하고 싶지 않기 때문에 이 시간을 사용하지 않는 것을 선택합니다. 하지만 당신이 걱정 시간을 사용하려고 결정한다면, 왜 걱정 시간을 사용하려고 결정했는지를 적어 놓으세요. 이것은 당신이 실제로 걱정에 대해 얼마나 많은 통제력을 가지고 있는지 알기 위한 실험입니다.

이 실험의 매우 중요한 특징 중 하나는 치료자가 걱정 연기와 사고 억제를 분명하게 구분해야 한다는 것이다. 환자에게 원하지 않는 생각의 내용을 제거하도록 요청하지 않는다. 대신에 처음의 생각에 대해 이후의 처리를 중단하도록 요청한다. 치료자는 걱정이 통제 불가능하다고 믿는 정도의 변화를 추적 관찰해야 한다.

걱정/반추 연기 실험이 걱정이나 반추가 만연하다는 점에 대한 인식을 높일지라도, 메타인지치료자는 환자가 이 전략을 대부분의 보속적 사고에 적용하고 있는지 확인하기 위해 적용 범위를 상세히 살펴본다. 종종 환자들은 걱정/반추의 유용성에 대해 긍정적인 신념을 강하게 가지고 있기 때문에 반추나 걱정을 연기하는 것에 저항한다. 그런 경우에 치료자의 과제는 긍정적인 메타인지 신념을 수정하기 위해 언어적 재귀인 방법과 행동적 재귀인 방법을 사용하는 것이다(22장 참조).

메타인지치료에서 걱정 연기는 통제 불가능성에 도전하고, 인지적 주의 증후군을 제한하는 데 사용한다. 걱정 시간 통제는 범불안장애에 대한 다른 치료적 접근에서도 사용되어 왔다(예: Borkovec et al., 1983). 하지만 메타인지치료 접근은 그런 자극 통제를 응용하는 것과는 다르다. 자극 통제는 환자들이 걱정 과정에 대한 차별적인 통제를 상실했다는 가정에 기초한다. 걱정 시간 연기는 환자로 하여금 걱정에 대한 통제를 회복하게 하기 위한 것이다. 메타인지치료에서는 실제 통제 상실이 있다고 가정하지 않는다. 그 대신 통제에 대한 신념이 잘못된 것이다.

Borkovec과 동료들은 걱정에 대해 '문제 해결'하는 동안 걱정 연기 기간을 사용하도록 요청한다. 이는 메타인지치료의 특징이 아니다. 왜냐하면 개인적 염려에 대한 문제 해결은 사고 내용에 대한 확장된 추론의 다른 예로서, 사용이 금지되기 때문이다. 앞서 기술한 바와 같이 메타인지치료에서 걱정 연기 기간을 사용하는 것은 선택 가능하며, 치료 후반부에 사용된다. 그러므로 환자가 통제 불가능성 신념과 걱정의 위험성에 대한 신념을 수정하기 위해 실제로는 걱정에 대한 통제를 벗어나려고 시도하는 것이다.

24

주의 훈련 기법

메타인지치료의 주된 목적은 자기 초점적 처리를 줄이고, 메타인지적 통제를 늘리는 것으로, 이는 '주의 훈련 기법(Wells, 1990)'이라 부르는 특별한 전략을 통해 이룰 수 있다. 주의 훈련 기법은 외부에 초점을 맞춘 세 가지 청각적 주의 과제, 즉 선택적 주의, 주의 전환, 주의 분할 과제로 구성된다. 이들은 10~15분의 주의 훈련 기법 회기에서 순차적으로 실시된다. 선택적 주의는 약 5분간 실시되며, 다음 단계는 빠르게 주의를 전환하는 것으로 5분간 이루어진다. 주의 훈련 기법의 마지막 단계는 주의 분할로, 2분간 이루어진다.

주의 훈련이라는 용어는 종종 새로운 세대의 인지행동치료에서 언급되는데, 주의 훈련 기법과 혼동해서는 안 된다. 예를 들면, 수용전념치료(ACT; Hayes et al., 1999)는 자기 지향적 주의 훈련을 포함하고 있는데, 그 목적은 정서에 대한 노출을 유지하는 것이며, 이를 통해 조건 반응을 둔감화시키고 회피 행동을 뒤바

꿀 수 있다. 주의 훈련 기법의 목적은 원하지 않는 정서를 노출하는 것이 아니라 실행적 통제를 더 크게 발전시키는 것이다. 마음챙김에 기반한 인지치료(MBCT; Segal et al., 2002)에서도 주의 훈련을 언급한다. 하지만 이 경우 주의 훈련은 명상의 한 요소로, 주의를 재배치하는 것을 말한다. 특히 환자들에게 명상 실습을 하는 동안 원하지 않는 생각을 알아차리면 초점을 호흡에 재할당하도록 요청한다. 이런 식으로 마음챙김에 기반한 인지치료를 받는 환자들은 자기 초점을 유지하는 반면, 주의 훈련 기법은 과도한 자기 초점에 대응하기 위한 것으로, 외부 초점만을 사용한다. 주의 훈련 기법은 생각이나 정서에 대한 반응으로 적용되지 않는다. 이것은 대처 기술이 아니라 처리 과정에 대한 메타인지적 통제를 향상시키는 데 필요한 관점과 과정을 구축하기 위한 훈련 연습이다.

Wells(2000, 2009)가 설명한 주의 훈련 기법을 요약해서 제시하면 다음과 같다.

1단계: 주의 훈련 기법 소개

환자에게 치료 기법에 대해 신뢰할 수 있고 이해 가능한 근거를 제공하는 것부터 주의 훈련 기법을 시작한다. 여러 장애에서 일관된 주제는 과도한 자기 초점이 증상의 특징과 심각도를 증가시킨다는 것이지만, 근거는 특정한 문제에 맞춰진다. 여기서 자기 초점은 인지적 주의 증후군의 단축명으로 사용된다. 공황 장애와 건강 불안에서 치료자는 신체 증상에 초점을 맞추는 것이 중요한 유지 요인으로 작용함을 강조하는 반면, 우울증에서는 환자가 생각과 감정에 주의를 기울이는 경향성이 반추와 관련되어 있기 때문에 우울한 기분을 악화시키고 유지시킨다는 것을 알도록 돕는다. 과도한 자기 초점과 반추가 환자의 현재 문제를 어떻게 유지시키고 악화시키는지를 강조하기 위해 사회화 실험이 사용된다. 과도한 자기 초점적 주의와 현재 문제의 관계를 강조하기 위해 사례개념화를 사용한다.

일단 환자가 과도한 자기 초점을 유지하는 것이 어떠한 역할을 하는지에 대해 잘 이해하면, 치료자는 주의 훈련 기법을 소개한다. 기법에 대한 신뢰 정도를 평가해야 하며, 만약 신뢰도가 낮다면 문제를 유지하는 데 있어서 부적응적 주의 전략의 역할에 대해 환자를 사회화하기 위해 보다 심도 있는 이후의 작업이 이루어진다.

2단계: 자기 초점 평정

주의 훈련 기법을 실시하기 전에 간단한 리커트 척도를 이용해서 환자의 현재 자기 초점 수준 대 외부 초점 수준을 평가한다. 주의 훈련 기법을 실시한 이후에 다시 평가한다. 이 척도는 주의 훈련 기법 절차 후의 변화 지표를 제공한다. 보통 자기 초점 수준에서 2점의 변화는 필수적이며, 변화가 이보다 작다면 그 이유를 탐색하고 주의 훈련 기법을 다시 시행할 수 있다.

3단계: 주의 훈련 기법의 실행

주의 훈련 기법을 시작하기 전에 치료자가 안내하는 대로 주의 초점을 맞추는 연습을 하는 과제임을 강조한다. 침투적인 생각이나 느낌이 들면 단지 이러한 생각이나 느낌을 배경음으로 간주하고 이를 억누르거나 없애려고 시도하지 않는다는 것이 중요한 지시다.

주의 훈련 기법은 청각 선택 과제로 시작한다. 치료자는 환자에게 과정 내내 지시하고 치료자의 목소리, 시계의 똑딱 소리 혹은 컴퓨터의 윙윙거리는 소리와 같이 방에서 나는 최소 세 개의 소리에 주의를 기울이도록 안내한다. 그다음 환자에게 상담실 밖의 세 가지 다른 소리나 공간적 입지성에 연속적으로 주의를 기울이도록 지시한다. 일단 6~8개의 소리가 인식되고 선택적으로 주의를 기울이게 되면, 치료자는 환자에게 다른 소리로 주의를 빠르게 전환하도록 지시한다. 이 단계는 각각 5~6분간 실시한다. 마지막 단계는 환자에게 주의 분할 과제를 가르치는 것으로, 여기서 환자는 모든 소리를 동시에 들으려고 노력해야 한다. 이는 2~3분간 연습한다. 과제 내내 메타인지치료자는 주의 요구를 많게 하는 등 환자가 과제를 다소 어렵게 느끼도록 해야 한다.

4단계: 주의 훈련 기법의 검토 및 과제 설정

주의 훈련 기법을 실습한 후에 환자와 함께 과정을 검토하고, 이를 어떻게 숙제로 할지에 대해 계획을 세운다. 환자에게 적어도 하루에 한 번 15분간 주의 훈련 기법을 실시하도록 요청하지만, 이를 원하지 않는 생각과 느낌으로부터 주의를 분산시키기 위한 대처 전략으로 사용해서는 안 됨을 상기시켜야 한다.

주의 훈련 기법은 공황장애(Wells, 1990; Wells et al., 1997), 주요 우울장애(Papageorgiou & Wells, 2000), 건강 불안(Cavanagh & Franklin, 2001; Papageorgiou & Wells, 1998)을 포함하여 다양한 장애에서 증상 개선 및 걱정과 신념의 변화와 관련이 있는 것으로 나타났다. 게다가 최근에 주의 훈련 기법을 이용해서 환청에 대한 최초의 사례연구가 이루어졌다(Valmaggia et al., 2007). 주의 훈련 기법의 효과를 개관하기 위해서는 Wells(2007)를 참조하기 바란다.

25

거리두기 마음챙김 실시하기

메타인지치료는 인지적 주의 증후군에 대응하여 '거리두기 마음챙김'(Detached Mindfulness: DM; Wells & Matthews, 1994)을 증진시키고자 한다. 거리두기 마음챙김은 정신적 사건(예: 걱정, 침투적 심상, 부정적인 생각과 기억)에 반응하는 방법을 가리킨다. 7장에서 기술한 바와 같이 거리두기 마음챙김은 생각에 대해 이후의 인지적 반응이나 대처 반응을 중단하는 것을 포함하며, 일반적으로 보속적 사고를 중지하고 생각에 초점을 맞추거나 회피하거나 변환시키는 것과 같은 구체적인 대처 전략을 멈추는 것이다. 거리두기의 두 번째 특징은 자신을 일어난 생각 그 자체와는 별개인 관찰자로 직접 경험하는 것으로 이루어진다.

메타인지치료에서 거리두기 마음챙김의 적용

메타인지치료의 전반적인 치료 목표는 거리두기 마음챙김을 늘리는 것이며, 따라서 메타인지치료자가 사용하는 대부분의 치료 전략이 이러한 상태를 발전시키는 데 기여한다. 한편 거리두기 마음챙김을 촉진하기 위해 몇몇 특정한 기법이 개발되었다 (Wells, 2005). 이들 중 두 가지 기법에 대해 설명한다.

자유 연상 과제

이 과제는 메타 자각, 낮은 수준의 개념적 처리, 거리두기를 발달시키는 것을 포함해서 여러 가지 목표를 가지고 있다. "당신이 일상적으로 하는 생각 대부분은 어떻게 되나요? 이런 생각은 어디로 향하나요?"와 같은 간단한 질문을 통해 일상에서 정서적으로 중립적인 생각이 자연스럽게 일어나서 소멸되는 것을 논의한 후에, 이러한 과제를 제시할 수 있다. 환자들은 자신의 대부분의 생각에 대해서 '거리두기 마음챙김'이 자연스러운 처리 상태임을 빠르게 깨닫게 된다. 자신의 의지로 주의가 할당되고 문제가 되는 처리를 계속하는 것은 침투적 사고뿐이다. 다음 단계는 침투적 사고가 다른 사고와 다르지 않으며, 따라서 침투적 사고와 관계를 맺지 않는 것을 선택하는 것이 전적으로 가능하다는 것을 전달한다. 그러고 나서 이 상태를 유지하기 위해 체험적(절차적) 지식을 발달시키기 위한 수단으로 과제를 소개한다.

잠시 후에 나는 흔히 사용하는 단어들을 말할 것입니다. 이 단어들에 반응하여 나타나는 당신의 마음이 자유롭게 돌아다니도록 놔두었으면 좋겠어요. 당신의 마음이나 단어에 대한 반응을 통제하려고 시도하지 않는 것이 중요합니다. 나는 단지 당신이 마음속에서 일어난 것을 수동적으로 바라보기를 원해요. 어떤 사람에게는 많은 것이 일어나지 않지만, 어떤 사람은 그림이나 심상이 머릿속에 떠오르기도 하고, 느낌이나 감각을 보고하는 사람도 있어요. 이제 흔히 많이 쓰는 단어 목록을 이야기하겠습니다. 오렌지, 펜, 탁자, 호랑이, 나무들, 안경, 산들바람, 조각상. 마음을 그저 바라보기만 하는 동안 어떤 일이 일어났습니까?

환자들은 대개 각각의 단어를 들을 때 그 단어의 심상이 일어난다고 보고한다. 종종 이것들은 별개의 심상이며, 각각이 이전의 심상을 대체하지만 때로 심상이 다 같이 융합되거나 아무런 생각도 일어나지 않는다. 과제를 진행해 나가면서 첫 번째 생각이 어떻게 되었는지를 질문하여 생각의 자연스러운 변화에 대해 알려 준다. 환자들은 생각을 제거하려고 시도하거나 확장된 방식으로 진행시킬 필요 없이 생각이 소멸하는 것을 알게 된다. 이 과정을 반복하면서 환자에게 자신을 생각과 별개인 관찰자로 자각하도록 요청함으로써 거리두기를 향상시킬 수 있다.

이 과제에 정서적으로 중요한 단어를 포함시켜 침투 사고와 다른 종류의 원하지 않는 생각에 대한 반응으로 거리두기 마음챙김을 하는 것을 촉진할 수 있다. 환자가 단순히 생각을 알아차리고 생각들을 심도 깊게 처리하는 과정에 휘말리지 않을 수 있다는 것이 핵심 견해다. 환자에게 부정적인 생각, 걱정, 침투 사고, 느낌을 수동적으로 알아차리는 전략을 과제에 적용하도록 요청한다.

호랑이 과제

이 과제는 환자에게 호랑이의 이미지를 마음속에 떠올리고, 이미지에 영향을 주려고 시도하지 않고 단지 심상을 바라보게 함으로써 거리두기 마음챙김을 경험하도록 하는 것이다. 치료자는 다음과 같은 지시와 함께 이 과정을 도와준다.

거리두기 마음챙김에 대한 감각을 익히기 위해서 호랑이의 이미지를 마음속으로 가져오는 것부터 시작하면 좋겠습니다. 그 이미지에 영향을 미치려고 시도하지 않았으면 좋겠습니다. 호랑이의 행동을 변화시키거나 호랑이에 대해서 아무것도 변화시키려고 시도하지 마세요. 그이미지는 아마도 흑백이거나 색깔이 있겠지요. 그것은 중요하지 않습니다. 그저 호랑이를 보세요. 호랑이가 움직일 수 있습니다. 하지만 움직이게 하지는 마세요. 단지 그 이미지가 시간이 흘러가면서 어떻게 발전하는지를 바라보세요. 하지만 그것에 영향을 미치려고 시도하지는 마세요. 단지 수동적으로 호랑이의 심상을 바라보세요.

이러한 과제들은 회기 내에서 행할 수도 있지만, 거리두기 마음챙김을 향상시키기 위해서 과제로 사용할 수도 있다. 궁극적

인 목적은 침투적 사고가 걱정의 형태로 일어나든, 부정적인 자
동적 사고, 강박사고 혹은 혐오적인 기억이나 심상으로 일어나
든 환자가 침투적 사고를 알아차리고 '아무것도 하지 않는' 것이
다. 메타인지치료에서는 보속적 사고를 줄이도록 돕기 위해서
부적응적인 주의 전략을 수정하고 역기능적인 대처 행동을 제거
하기 위해서 걱정/반추 연기와 함께 거리두기 마음챙김을 사용
할 수 있다. 다시 말하면, 거리두기 마음챙김을 실시하여 인지적
주의 증후군을 제한하고 정신병리를 감소시킬 수 있다.

　마음챙김에 기반한 인지치료(MBCT; Segal et al., 2002)나 수용
전념치료(ACT; Hayes et al., 1999)와 같이 정서장애를 치료하는
최근의 획기적인 인지적 접근에서는 이론과 치료 전략을 기술하
면서 '마음챙김'이란 용어를 사용한다. 하지만 '마음챙김'은 메타
인지치료에서 명시된 '거리두기 마음챙김'과는 다르다. 두 개념
이 유의어처럼 보이고 유사한 용어를 사용하는 것이 임상가들을
혼란스럽게 하지만, 단순히 용어의 유사성에 기초하여 유사점을
이끌어 내서는 안 된다.

　마음챙김은 '특정한 방식으로 의도를 가지고 현재 순간에 비판
단적으로 주의를 기울이는 것'으로 정의된다(Kabat-Zinn, 1994:
4). 지난 20년간 마음챙김이라는 개념에 대한 관심이 급증하였
으며, 다양한 임상적 접근에 포함되어 왔다. 마음챙김은 Kabat-
Zinn(1982)에 의해 처음으로 마음챙김에 기반한 스트레스 감소
프로그램에서 만성 통증을 가진 환자를 위한 치료 패키지로 사
용되었으나, 이후에 다양한 행동적·정서적 어려움에도 사용되

어 왔다(Kabat-Zinn, 1998). 이 맥락에서 마음챙김의 상태는 다양한 불교 명상 연습을 통해 이루어진다(Hanh, 1976). 마음챙김에 기반한 인지치료는 인지치료를 마음챙김 명상 실습과 결합한 반면, 수용전념치료는 수용, 인지적 탈융합, 자발성, 현재 순간에 초점 맞추기와 주의 훈련을 포함해서 다른 많은 치료 요소를 통해 마음챙김을 발전시킨다(Masuda et al., 2004).

　수용전념치료와 마음챙김에 기반한 인지치료에서 마음챙김을 적용하는 방식에 대해 짧게 살펴보면, 거리두기 마음챙김과의 차이점을 분명히 나타낸다. Roemer와 Orsillo(2002)는 마음챙김과 수용 연습을 통합함으로써 범불안장애에 대한 인지행동치료의 효과를 향상시킬 수 있다고 제안하고, 마음챙김의 요소를 포함시켰다(Roemer & Orsillo, 2007). 수용전념치료에서 마음챙김 연습은 시냇물을 따라 나뭇잎이 흘러내려 가는 것을 상상하고, 생각과 느낌, 경험을 나뭇잎 위에 올려놓고 떠내려가는 것을 바라보도록 노력하는 것을 포함한다. 이 전략은 생각에 대해 무언가를 하는 형태로, 이후의 처리 과정을 수반하기 때문에 거리두기 마음챙김과 다르다. 이러한 전략은 메타인지치료에서 생각이 주의를 필요로 하지 않는 순식간의 사건임을 설명하기 위해 은유로 사용할 수 있지만, 기본적으로 사고 통제 전략이기 때문에 특정한 연습으로 사용하지 않는다. 점진적 근육이완은 Roemer와 Orsillo의 범불안장애에 대한 수용 기반 행동치료에서 불안을 통제하는 방법이라기보다 마음챙김을 촉진하는 방법으로 개념화된다. 이 치료 전략은 메타인지치료에서는 적용되지 않는다.

수용전념치료에서 마음챙김을 촉진하기 위한 다른 치료 요소를 '인지적 탈융합'이라 부른다. 수용전념치료는 이 포괄적 용어 아래, 많은 서로 다른 전략을 사용한다. '탈문자화'라 부르는 한 가지 구체적인 방법은 생각의 문자적 내용을 제거하는 것으로, 그렇게 함으로써 내담자는 더 큰 자발성과 수용성을 가지고 자신의 생각에 대해 비판단적인 입장을 취할 수 있게 된다. 물화는 탈문자화 전략의 한 예로, 환자는 침투적 사고에 색깔이나 형태를 부여한다. 이는 생각에 대해서 변형시키는 등의 처리를 더 이상 하지 않는 것이 핵심인 거리두기 마음챙김과는 극명하게 대조된다. 또한 이 전략의 임상적 표적은 메타인지치료에서처럼 개념적 처리를 유발하는 신념(혹은 계획)이 아니라 의식에 침투한 사고다. 게다가 메타인지치료에서 거리두기 마음챙김은 통제 불가능성 신념을 수정하기 위한 행동 실험의 요소로 사용되는데, 이는 다른 마음챙김 기법의 구체적인 목표가 아니다.

이미 언급한 바와 같이 마음챙김에 기반한 인지치료는 인지치료 전략과 마음챙김 명상을 통합한 것이다. 매 치료 회기에 다양한 명상 연습이 포함되고, 숙제가 주어진다. 치료자와 환자가 천천히 건포도를 먹으면서 생각과 감정뿐만 아니라 먹는 것에도 주의의 초점을 맞추는 마음챙김 먹기도 연습에 포함된다. 보디 스캔도 소개되는데, 환자에게 신체의 다른 부위에 주의의 초점을 맞추도록 지시하고 어떤 감각이라도 비판단적으로 보도록 권장한다. 만약 원하지 않는 생각이 떠오르면, 환자에게 다시 신체에 주의를 기울이도록 요청한다. 다른 형태의 명상 실습에는 마음챙김 스트레칭, 마음챙김 걷기와 앉기 명상이 포함되는데, 이 때 호흡에 자각의 초점을 맞추고, 생각, 느낌 혹은 경험에 주의가 사로잡히면, 다시 호흡에 초점을 맞추도록 요청한다.

일반화 전략 역시 포함되는데, 이 전략은 하루 종일 마음챙김을 함양하기 위해 3분간 짧게 호흡 시간을 사용하는 것이다. 이 전략은 불안 증상이나 다른 원하지 않는 느낌이나 생각에 대한 반응으로 사용할 수 있다. 이를 위해서 환자는 유발자극에서 주의를 돌려서 호흡에 다시 초점을 맞추어야 한다. 메타인지치료는 이러한 전략 중 어느 것도 사용하지 않는다. 사실 혐오적인 경험에서 주의를 돌려 다른 것으로 주의가 향하게 함으로써 침투적 사고나 느낌에 반응하는 것은 메타인지치료의 목적과 반대가 된다. 왜냐하면 그렇게 하는 것이 생각과 느낌에 대해 반응할 필요가 있다는 잘못된 메타인지 신념을 유지시키기 때문이다.

분명히 마음챙김 명상 실습은 주의의 할당과 인지의 통제를 수반하기 때문에 메타인지 과정과 신념을 촉구한다. 하지만 이러한 과정은 메타인지 모델과 정신병리의 맥락에서 발전된 것이 아니다. 거리두기 마음챙김의 목적과 달리 이 기법의 목적은 메타인지적 용어로 정의되지 않으며, 잠재적으로 광범위한 요인에 영향을 미치는데, 이 모두가 이로운 것이 아닐지도 모른다. 예를 들어, 마음챙김 명상이 생각으로부터 주의를 멀어지게 하는 수단으로 신체에 대한 초점을 증가시키는 전략을 사용한다는 것은 주목할 만하다.

26

상황으로 주의 재집중하기

　상황으로 주의 재집중하기(SAR; Wells, 2000; Wells & Papageorgiou, 1998)는 스트레스 상황에서 사용하는 부적응적 주의 방략을 바꾸기 위한 치료 전략이다. 주의 방략의 유형이 환자나 장애마다 다르긴 하지만, 부적응적 주의 방략으로 지식을 수정하기 어렵다. 전형적인 역기능적 주의 방략에는 사회공포증에서 나타나는 과도한 자기 초점과 외상후 스트레스 장애나 강박장애의 특징인 부적절한 위협 탐지가 있다.

　사회공포증인 사람들은 두려워하는 사회적 상황에 노출될 때 자기 초점적인 처리를 하며, 이는 자기 초점의 유용성에 대한 긍정적인 메타인지 신념에 의해 이루어진다. 불안의 증상과 징후에 초점을 맞출 뿐만 아니라 다른 사람에게, 즉 관찰자의 관점에서 어떻게 보일 것이라고 믿는 자기 스스로 만든 이미지에 주의를 할당한다. 이렇게 구축된 이미지에서 불안의 징후는 눈에 매우 잘 띄고 과장되게 여긴다. 예를 들면, 사회공포증인 사람은

얼굴이 붉어질 수 있는데, 이는 실제로는 눈에 거의 띄지 않는
다. 하지만 마음의 눈으로 본 이미지에서 그 사람은 자기 자신의
몸이 펄펄 끓고 홍당무 색이 된 것처럼 본다. 이러한 자기 초점
은 사회적 상황의 외적 특성을 처리하는 것을 방해하기 때문에
그 사람은 자신이 실제로는 눈에 잘 띄지 않고 모든 사람의 주의
의 중심에 있지 않다는 것을 알지 못한다. 자기 초점은 또한 불
안에 대한 자각과 심각성을 증가시키고, 사회적 상황에서 수행
을 저하시킨다.

상황으로 주의 재집중하기 방략을 통해 메타인지치료자들은
과도한 자기 초점을 줄이고, 새로운 정보가 처리 과정에 통합되
도록 돕는다. 사회공포증의 경우에는 그 사람이 계속 자기에게
초점을 맞추지 않고 외부에 주의의 초점을 맞추도록 주의를 이
동시킬 수 있게 하는 것을 의미한다. 예를 들어, 사회공포증 환
자는 종종 사람들이 사회적 상황에서 자신을 응시하는 것에 대
한 염려를 표현한다. 한 환자는 바에 들어갔을 때 모든 사람이 몸
을 돌려서 자신을 보았다고 말했다. 치료자는 그녀에게 보통 사
회적 상황에서 시선 접촉을 피하는데 이것이 사실인지를 어떻게
아는지 물었다. 그랬더니 그녀는 어떤 느낌을 느끼고 있었는지
와 마음속의 부정적인 이미지에 주의의 초점을 맞추었다. 이에
따라 내부보다는 외부로 주의를 향하게 하는 행동 실험을 통해
그녀는 새로운 지식을 통합할 수 있게 되었다. 따라서 앞의 예에
서 행동 실험은 단순히 신념 변화를 촉진하기 위해 외적으로 환
경 내의 타인에게 주의의 초점을 맞추게 하는 것으로 이루어져

있다.

유사한 역기능적 주의 방략이 외상후 스트레스 장애에서도 분명하며, 이 역시 그런 전략의 유용성에 대한 긍정적인 메타인지 신념에 의해 나타난다. 예를 들면, 환자들은 종종 과도하게 위협을 경계하는데, 이는 '위험을 체크하는 것이 나를 안전하게 해 준다.'와 같은 신념에 의해 생긴다. 치료자는 환자의 주의가 환경 내의 중립적인 자극과 안전 신호로 다시 향하도록 돕는다. 이런 식으로 '위험과 위협 프로그램'이 작동하지 않고, 인지가 외상 이전의 일상으로 되돌아가게 된다.

27

메타-정서에 초점 맞추기

메타-정서는 정서에 대한 정서 혹은 정서 조절과 관련된 정서이며, 대처의 기준으로 사용된다. 환자들은 종종 정서를 심리장애의 유지에 기여하는 메타인지 정보의 원천으로 사용한다. 자기조절적 실행기능 모델(2장 참조)에서, 긍정 정서와 부정 정서 상태에서 유래한 정보는 생각과 자기 지식을 평가하는 데 기여하며, 지속적인 대처 노력이 필요한지 알려 주는 데 사용한다. 예를 들어, 범불안장애에서 '~하면 어떡하지' 질문의 형태로 침투적인 사고가 일어날 때, 자기 초점적 주의가 증가하고, 걱정의 과정이 시작되며, 그 사람은 정서 상태, 즉 불안의 감소를 걱정을 멈출 때를 알려 주는 단서로 사용한다.

메타-정서는 분명 감정적 추리라는 개념과 중복되는데, '나는 쓸모없는 것 같은 느낌이 들어. 그렇기 때문에 나는 쓸모없어.' 혹은 '나는 희망이 없는 것처럼 느껴져. 그렇기 때문에 나의 미래는 희망이 없어.'와 같은 신념이 작동하고, 인지치료에서는 이러한 생각을 다룬다. 이와 밀접한 관련이 있는 개념이 귀추 추론 (ex-consequentia reasoning; Arntz et al., 1995)인데, 이는 '내가 불안하다면, 위험이 도사리고 있음에 틀림없어.'의 형태로, 정서가 위험의 지표로 지각되는 것이다. 하지만 Wells(2000)는 메타-정서라는 개념이 이러한 형태의 체계적 오류나 편향된 사고를 넘어서는 것이며, 대신에 인지와 대처 전략을 조절하는 내적 정보에 해당한다고 주장한다.

메타인지치료자는 메타-정서 상태에 세심한 주의를 기울인다. 우울증 환자들은 종종 잠재적인 우울 신호나 문제 발생에 지나치게 예민하며, 모든 증상을 재발할 것이라고 부정적인 방식으로 해석할 것이다. 이러한 반응 방식은 환자들에게서 인지적 주의 증후군을 재활성화할 수 있다. 즉, 환자는 반추에 몰입하며, 자기 감찰 수준을 증가시키고, 회피에 의존할 것이다. 예를 들면, 우울한 환자가 아주 좋은 한 주를 보내고 있다고 말하다가 이러한 기분 상태에 의문을 제기하고, '좋은 기분'이 얼마나 오래 지속될 것인가에 대해 반추하기 시작했는데, 이는 기분이 빠르게 나빠지는 결과를 가져온다. 게다가 이 환자는 긍정 정서 상태에 대한 불안을 가지고 있었다(메타-정서). 긍정 정서 상태를 일시적인 것으로 여기고, 기분이 살짝 나빠지면 기분의 하락이 너무 극적이어서 이후의 우울 삽화를 참을 수 없게 될 것이라고 생각한다.

사실 이 환자는 다소 둔마된 정서를 유지하는 것에 대한 선호를 표현했는데(메타-정서), 이는 그렇게 함으로써 큰 기분 변화를 피할 수 있기 때문이다. 이는 환자가 자의로 특정한 정서 상태를 선택하는 메타인지 과정이다. 이런 경우에 치료자는 이런 전략을 유발하는 메타인지 신념을 수정하고, 기분 변화를 정상적인 것으로 만들어 준다. 환자는 "그 감정이 영원히 계속될까요? 아니면 변동을 거듭할까요?" 혹은 "영원히 계속되는 감정을 경험해 본 적이 있으세요?"와 같이 정서가 어떻게 될 것인지 질문을 받을 수 있다. 분명히, 대답은 '아니요'다. 하지만 정서와 관계를 맺지 않음으로써 환자는 정서가 빠르게 사라지고 다른 정서 상태로 대체된다는 것을 배울 것이다.

개인이 특정한 기분 상태를 의도적으로 선택하거나 정서를 두려워한다는 전제는 메타인지의 관점에서 쉽게 이해할 수 있지만, 다른 치료 형태에서는 쉽게 개념화되지 않는다. 하지만 자기 조절적 실행기능 모델에 자극을 받은 정서적 도식에 대한 최근의 작업(예: Leahy, 2007)은 인지행동치료에서 정서에 대한 신념이 중요할 수 있다는 견해를 연구하기 시작했다.

28

메타인지에 초점을 맞추어 노출하기

　노출은 메타인지치료를 포함해서 모든 인지적 개입과 행동적 개입의 기본 특징이다. 하지만 행동치료, 인지치료, 메타인지치료에서 노출은 서로 다른 이론적 개념에 근거하고 있으며, 치료마다 노출의 형태와 적용되는 방식이 다르다. 노출의 사용은 평가(17장 참조)와 치료 모두에서 중요하다.

　메타인지치료에서 노출은 주로 간단한 행동 실험의 형태로 사용되며, 메타인지 신념과 과정을 검사하고 변화시키기 위한 구체적인 이론적 근거와 함께 제시된다. 메타인지치료는 인지적 주의 증후군을 수정함으로써 장애를 치료하기 때문에 불안에 대한 행동 모델에 입각하지 않는다. 이것은 메타인지치료가 강박장애의 노출 및 반응 방지나 외상후 스트레스 장애의 외상 이미지나 기억에 대한 상상 노출 혹은 실제 노출에서처럼 광범위한 노출에 의존하지 않는다는 의미다.

　메타인지치료에서 다양한 방식으로 노출이 사용되지만, 여기

서는 단지 두 가지, 메타인지 신념의 수정과 외상에서 적응적인
처리 과정의 촉진에 논의의 초점을 맞출 것이다.

다음에 제시된 강박장애 환자와 치료자의 대화에서 나타난 바
와 같이 메타인지 신념을 수정하기 위해서 치료자는 생각하는
것에 대한 긍정적인 메타인지 신념과 부정적인 신념을 확인하고
검사할 필요가 있다.

치료자: 아들을 다치게 하는 것에 대해 생각하면 어떤 일이 벌어질
　　　것 같습니까?

환　자: 결국 내가 그러한 생각을 행동으로 옮겨서 아들을 다치게
　　　하고, 아들은 양육시설에 맡겨질 거예요.

치료자: 이 생각들을 어떤 식으로든 통제하려고 노력하나요?

환　자: 남편이 없을 때 아들과 접촉하는 것을 피함으로써 그런 생
　　　각을 하지 않으려고 합니다. 나 혼자 아들과 있을 때는 거의
　　　항상 그런 생각을 합니다. 나는 아들을 다치게 하는 이미지
　　　를 아들과 놀아 주고 있는 이미지로 바꿉니다.

치료자: 당신이 더 이상 아들과 단 둘이 있는 것을 피하지 않고, 침투
　　　적인 생각을 긍정적인 이미지로 바꾸지 않는다면, 무슨 일
　　　이 일어날 거라고 생각하십니까?

환　자: 그 생각을 없애지 않으면 아들을 다치게 할 거예요.

치료자: 당신이 이러한 생각이 실제로 중요하다고 믿는 것처럼 들려
　　　요. 아들을 다치게 하는 것에 대해 생각하는 것이 당신이 그
　　　렇게 하도록 만들 거라고 생각합니까?

환　자: 네, 난 정말 그 생각을 하고 싶지 않아요.

치료자: 아들을 다치게 하는 이미지를 갖는 것이 당신이 그런 행동
　　　을 하게 만들 것이라고 얼마나 믿습니까?

환　자: 내가 그 이미지를 가지고 아들과 단 둘이 있을 때는 아주 많
　　　이요. 추측건대, 70퍼센트 정도 될 거예요.

치료자: 이 생각에 상당한 중요성을 부여하고 있는 것처럼 보여요.
　　　당신이 이러한 생각이 중요하지 않고 의미 없다는 것을 깨
　　　닫게 도와줄 필요가 있겠어요.

'내가 아들을 다치게 할 것이라고 생각하는 것은 내가 그 행동
을 하게 만들 것이다.'라는 메타인지 신념을 검사하기 위해 이
환자에게 아들과 상호작용하면서 사고 통제 전략과 대처 행동
을 멈추도록 요청했다. 그녀에게 두 가지 조건에서 이렇게 하도
록 요청했다. 첫째, 침투적 사고가 자발적으로 나타날 때 반응하
기. 둘째, 아들과 놀아 주면서 의도적으로 강박사고를 유발하고,
2~3분 동안 마음속에 담아두기. 이러한 접근은 행동적 접근에
서 취하는 것과는 다르다. 행동적 접근에서는 불안에 습관화되
도록 만드는 것에 중점을 두며, 메타인지에 초점을 둔 행동 실험
에서 2~3분 하는 것보다 더 긴 기간(몇 시간)을 필요로 한다. 행
동적 접근에서는 자신의 생각을 녹음한 것을 환자에게 들려준
다. 특히 중화 행동을 하지 않으면서 그 생각에 반복적으로 귀를
기울인다. 이런 종류의 지연 반복 노출은 메타인지치료의 특징
이 아니다. 인지행동치료의 목표는 침투 사고에 대한 습관화를

촉진하는 것이지만, 메타인지치료의 목표는 침투 사고에 대한 메타인지 신념에 도전하고, 환자가 침투 사고와 새로운 방식으로 관계를 맺도록 하는 것이다. 따라서 치료는 인지적 혹은 행동적 수준이 아니라 메타인지적 수준에서만 행하여야 한다. Fisher와 Wells(2005)는 강박장애 환자에게 메타인지에 근거하여 제시된 간단한 노출 및 반응 방지가 행동적 접근(습관화)에 근거하여 제시된 노출 및 반응 방지보다 더 효과적임을 증명하였다.

메타인지치료에서 노출을 사용하는 두 번째 경우는 외상후 스트레스 장애의 치료다. 여기서 메타인지에 근거하여 제공된 노출은 역기능적 처리 과정과 대처 행동을 감소시키고 대체하려는 목적을 가지고 있다. 침투적 사고와 기억에 대해 반복적인 생각과 역효과를 낳는 대처 방략으로 반응하는 대신에, 환자는 이러한 인지적 사건에 대해 거리를 둔 마음챙김으로 반응하도록 가르침을 받는다. 환자에게 제시되는 근거는 걱정, 반추, 회피, 과경계와 같이 유용하지 않은 방략이 외상 경험에서 기인한 증상들을 정상적이고 적응적으로 처리하는 것을 막는다는 것이다. 외상후 스트레스 장애의 메타인지치료는 14장과 30장에서 더 자세하게 논의할 것이다.

이 치료 접근의 독특한 특징은 외상 기억에 대한 반복적이고 지연된 노출을 요구하지 않는다는 것이다. 따라서 환자에게 외상에 대해 쓰거나 세세하게 설명하라고 절대 요청하지 않는다. 대신에 환자에게 침투 사고를 알아차리도록, 그리고 이후의 개념적 처리를 그만두도록 가르친다. 즉, 사고 통제와 반복적인 생각을 그만두게 한다. 실제 노출도 치료의 한 요소일 수 있지만, 외상 전 보통의 일상생활이 적절하다면 그 상황으로 돌아가서 이런 상황에서 위협 탐지라는 부적응적 방략을 버리도록 요청하는 정도로만 한다(예: Wells & Sembi, 2004a).

29

새로운 처리 계획을 발전시키기

메타인지 모델은 원하지 않는 생각, 느낌 혹은 사건에 대한 반응으로 역기능적 처리 계획을 촉발시키는 것과 인지적 주의 증후군이 관련이 있다고 가정한다. 예를 들면, 우울증에서 메타인지 계획과 이와 관련된 메타인지 신념은 '나는 우울에서 빠져나갈 방법을 찾기 위해서 반추할 필요가 있어.' '나의 슬픔은 통제 불가능해.' 그리고 '부정적 생각은 중요하고 주의를 기울여야만 해.'가 될 수 있다. 그러므로 부정적 생각이나 기분 변화가 의식에 침투할 때마다 그 사람은 장기 기억으로부터 효과적으로 계획을 다운로드하고, 이는 반추가 연장되고 유지되는 결과를 낳는다. 메타인지치료자의 목표는 이러한 계획을 수정하는 것이다. 메타인지치료의 모든 측면은 환자가 인지적 주의 증후군을 제한하는 적절한 대안적인 계획을 발전시키고 선택하도록 돕기 위한 것이며, 이를 통해 정신병리를 약화시킨다.

일반적으로, 새로운 처리 계획을 발전시키는 것은 메타인지치료의 후반부에서 분명한 초점이 된다. 이는 오래 계속되는 정서 장애의 이후 삽화에 대한 취약성을 감소시키기 위한 반응 방지 전략으로 작용한다. 새로운 계획의 구성은 환자의 이전 계획을 세세하게 설명하는 것에서 시작한다. 새로운 혹은 대체된 계획은 반대되는 주의 전략과 대처 행동을 선택하고 보속적 사고가 없는 것으로 이루어진다. 독성 물질에 대한 오염 공포를 가진 강박장애 환자의 이전 계획과 새로운 계획의 예가 [그림 5]에 개략적으로 서술되어 있다.

계획 A(이전 계획)		계획 B(새로운 계획)	
1	침투 사고에 주의를 기울이기	1	침투 사고에 대해 거리두기 마음챙김 하기
2	침투 사고에 의미와 중요성 부여하기	2	침투 사고가 일어날 때 처음의 불안/고통 감내하기
3	더러움과 깨진 유리의 징후가 있는지 환경을 살피기	3	환경을 살피는 것을 금지하기
4	슈퍼마켓의 청소구역을 피하기	4	어떤 환경이라도 피하지 않기
5	의심에 대해서 어리석게 굴지 말라고 자신에게 말하기	5	사고 통제 전략을 사용하지 않기
6	생각에서 정신적으로 주의를 돌리려고 시도하기	6	분석적 추론을 그만두기
7	의식에서 침투 사고를 제거하려고 시도하기	7	침투 사고에 대한 반응으로 손을 씻는다면 침투 사고를 쫓아내려고 하기보다는 침투 사고를 마음에 두기
8	아이들이 다칠 가능성을 계산하기	8	
9	침투 사고가 있는지 마음을 관찰하기	9	
10	침투 사고 없이 손 씻기	10	

[그림 5] 오염 공포를 가진 강박장애 환자의 이전 계획과 새로운 계획의 예

메타인지치료자는 환자가 다양한 상황에서 새로운 계획을 자주 실행할 수 있도록 돕는다. [그림 5]에서 예를 든 강박장애 환자에게는 두려워하는 상황에 대한 간단한 노출(5분)과 새로운 계획의 시행이 포함된다. 28장에서 기술한 바와 같이, 목표는 행동치료에서처럼 습관화가 아니라 메타인지 신념에 의해 일어나는 반복적인 역기능적 처리를 수정하는 것이다. 새로운 계획을 실행하는 것은 숙제에만 국한되지 않는다. 치료자는 보속적인 사고나 부적절한 위협 탐지의 발생과 같이 부적응적인 계획이 활성화되는 것을 볼 때마다 치료를 실행해야 한다. 다시 말하면, 새로운 처리 과정을 발전시키고 실행하도록 환자를 도울 때 메타인지치료자는 인지적 수준이 아니라 메타인지 수준에서 작업해야 한다.

미래의 재발과 예상되는 문제에 대한 두려움을 논의하는 것도 새로운 계획을 발전시키는 것에 포함된다. 재발에 대한 두려움은 종종 문제가 되는 처리 계획을 수반한다. 강박장애 환자가 사용하는 공통적인 부적응적 반응 전략은 부정적 생각이 없는지를 확인하기 위해 계속해서 의식의 흐름을 감찰하는 것이다. 이것이 부적응적 계획을 구성하며, 이는 반드시 강조하고 수정해야 한다. 유사한 방식으로, 미래의 가능한 스트레스 상황과 이러한 상황을 어떻게 다룰지 환자가 상상하는 것에 대해 논의하는 것역시 역효과를 낳는 처리 계획과 잘못된 메타인지 신념을 유발한다. 실습과 예행 연습은 대안적인 처리 계획을 공고화함으로써 취약성을 감소시키는 데 도움이 된다.

30

메타인지치료 기법의 통합: 사례 연구

외상후 스트레스 장애에 대한 메타인지치료의 사례 연구가 이 장에 제시되어 있다. 이 사례 연구는 메타인지치료의 개별적인 실제적 특성과 이론적 특성이 어떻게 결합되어 일관된 새로운 치료를 구성하는지 설명한다. 여기 기술된 치료는 두 가지 치료 매뉴얼에 근거를 둔다(Wells, 2009; Wells & Sembi, 2004a).

새디는 어느 날 저녁 집에 도착해서 차에서 나오다가 젊은 남 자 세 명에게 공격을 당했다. 그녀는 차를 도난당하는 것을 막으 려 했지만, 가해자 중 한 명과 몸싸움을 하던 중에 차가 출발해 서 안전벨트에 묶인 채 도로 위를 질질 끌려갔다. 그 결과 다리 에 상처가 많이 났고, 상체와 얼굴에 열상이 상당히 많이 났다. 이러한 외상 사건 후에 새디는 외상후 스트레스 장애가 생겨서 약 2년간 증상을 겪었다. 외상후 스트레스 장애의 주된 증상은 사건에 대한 침투적인 기억이 반복되고 사건을 재경험하는 느낌 이 강하게 드는 것이었는데, 이때 환자는 현실과 분리되는 것 같은 느낌이 들었고, 차의 엔진이 그르렁거리는 소리를 듣고 사건이 다시 일어나는 것처럼 다리에 따끔따끔한 아픔이 느껴졌다. 매일 세 시간이나 걱정하고 반추하는 데 시간을 보냈다. 걱정은 주로 미래에 유사한 사건이 다시 일어날 가능성에 초점을 맞춘 반면, 반추는 강도를 막지 못한 것을 중심으로 이루어졌다. 외상후 스트레스 증상의 직접적인 결과, 새디는 삶이 사라진 것 같은 느낌이 들었다. 집을 나서는 것을 자주 피했기 때문에 한때 번창했던 작은 사업이 실패할 찰나였다. 상당한 수준의 우울과 불안이 있었으며, 이는 놀랄 일이 아니었다.

첫 치료회기에서 새디에게 외상후 스트레스 장애에 대한 메타인지치료의 특징과 근거에 대해 제시했다. 치료자는 외상적인 사건 후에 그러한 증상을 경험하는 것은 정상적인 것이며, 사실 이러한 증상은 적응 과정의 꼭 필요한 부분임을 설명했다. 하지만 외상과 관련된 증상은 시간이 지나면 자연스럽게 사라지지만, 불행히도 특정한 대처 전략을 사용할 때는 의도하지 않게 증상을 유지할 수 있다. 다행히 이러한 유용하지 않은 대처 전략을 확인하고 원하지 않는 생각과 기억에 대해 유용한 행동과 반응으로 대체하는 것은 비교적 쉽다.

치료자는 메타인지 신념, 과정, 대처 전략을 확인하기 위해 이에 초점을 맞춰 주의 깊게 평가를 실시하고, 외상후 스트레스 장애의 메타인지 모델(14장 참조)에 기초하여 개별적인 사례개념화를 구성한다.

새디는 반추하고 걱정하는 데 많은 시간을 보내고 있었다. 주의 과정에서도 상당한 변화가 있었다. 그녀는 집을 나설 때마다 위협 신호에 많이 경계한다는 것을 깨닫고 있었으며, 또한 불안 신호가 있는지 신체를 자주 확인했다.

보속적인 사고를 뒷받침하는 메타인지 신념을 발견하기 위해 치료자는 새디가 유사한 사건이 일어나는 것에 대해 걱정하는 것이 왜 도움이 된다고 생각하는지, 그리고 아주 다양한 각도에서 그 사건을 반복적으로 살펴봄으로써 어떤 이득을 얻을 수 있는지 탐색하였다. 환경 내에서, 신체에서 위협 신호를 찾아내는 것의 장점에 대해서도 새디에게 질문하였다.

걱정에 대해 도출된 주된 긍정적인 메타인지 신념은 '사건이 다시 일어나는 것에 대해 걱정하는 것은 내가 그것을 피하기 위해 행동을 취할 수 있다는 것을 의미하고, 내가 항상 안전하다는 것을 확인시켜 준다.'였다. 반추와 관련된 신념은 '일어난 일을 모든 각도에서 살펴보는 것은 그 일이 왜 일어났는지 내가 이해할 수 있다는 의미이고, 그러면 나는 그것에 대해 생각하는 것을 멈출 수 있으며, 다시 행복해질 수 있다.'는 것이다. 걱정과 반추에 대한 그녀의 부정적인 메타인지 신념은 '내가 그 사건에 대해 생각하기 시작하면, 나는 멈출 수 없다.'와 '내가 그 사건에 대해 낱낱이 살피는 것을 멈출 수 없다면, 나는 미칠 것이다.'였다.

위협 탐지에 대한 그녀의 메타인지 신념은 '위협이 있는지 내 주위를 살펴보면, 내가 안전할 것이라는 것을 확신할 수 있다.'와 '내가 불안하다는 것을 알아차리면, 위험에 대해 더 경계하게 되고, 나는 곤경에 빠지지 않을 것이다.'였다.

외상후 스트레스 장애의 메타인지 모델은 유용하지 않은 개념적 처리에서 벗어나지 못하게 막는 많은 부가적인 유용하지 않은 대처 전략을 구체화한다. 따라서 치료자는 그러한 전략을 평가하였고, 새디가 불안을 통제하려는 시도로 문과 창문이 잠겼는지 반복적으로 확인한다는 것을 발견했다. 그녀는 또한 어두워진 후에는 집에서 나오는 것을 피했으며, 혐오적인 기억을 변형시켜 생각을 통제하려고 하였다. 기억 속에서 상처를 입지 않고 공격자를 붙잡고 응징하는 상상을 하려고 했다. 이 전략은 '내가 그 이미지를 없애지 않으면, 나는 미칠 거야.'라는 메타인지 신념에 의해 생겨난 것이다. 이러한 전략은 [그림 6]에 예시된

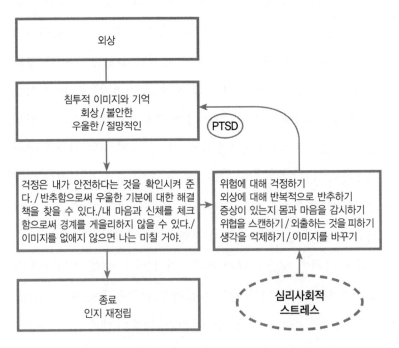

[그림 6] 외상후 스트레스 장애에 대한 메타인지 사례개념화

바와 같이 사례개념화에 포함되었다.

메타인지적 접근에 대한 사회화(19장 참조)의 첫 단계로, 사례개념화를 새디와 공유하였다. 앞서 언급한 전략들이 외상 증상을 유지하고 악화시킬 뿐만 아니라 불안과 우울 수준을 증가시킨다는 것을 새디가 이해하도록 도왔다. 이 목표를 이루기 위해서, 그리고 새디에게 메타인지치료의 목적을 이해시키기 위한 적절한 정신적 틀을 제공하기 위해 치료자는 '치료 메타포'를 사용하였다.

당신의 신체는 내장된 자가 회복 방법을 가지고 있습니다. 예를 들면, 만약 당신이 손을 자르면 신체는 스스로를 치유합니다. 당신은 베인 상처를 치유하기 위해 아무것도 할 필요가 없습니다. 마음도 다르지 않습니다. 그 역시 스스로를 치유하는 내장된 기제를 가지고 있습니다. 당신이 상처를 입었다고 생각해 봅시다. 그것을 내버려 두고 아무것도 하지 않는 것이 당신이 할 수 있는 최선입니다. 만약 당신이 상처를 계속 방해하면, 치유 과정이 늦어질 것입니다. 침투적인 기억과 다른 증상도 상처와 같아서 그것들이 하는 대로 내버려 두는 것이 최선입니다. 생각을 통제하고 주의를 통제하려고 노력하면서 침투적인 생각과 기억에 대해 반추하고 걱정하는 것은 상처를 방해하는 것과 같습니다. 당신은 치유 과정이 자연스럽게 이루어지도록 허락해야 하며, 그러면 당신은 정서적 상처가 사라지는 것을 발견하게 될 것입니다.

침투적인 생각에 대해서 걱정이나 다른 유용하지 않은 대처 전략을 사용하여 반응하는 것에 내재된 문제를 이해하도록 돕기 위해 새디에게 일련의 질문을 함으로써 사회화 과정이 완성되었다. 예를 들면, "걱정하는 것이 당신이 안심하도록 해 줍니까?" 와 "위협 신호에 주의의 초점을 맞추는 것이 상황이 실제로 얼마나 위험한지 정확히 보는 데 도움이 되나요?"이다. 그리고 치료자는 사고 억제의 반동 효과를 설명하기 위해 행동 실험을 사용하고 나서 자유 연상 과제(7장과 25장 참조)를 이용해서 거리두기 마음챙김을 훈련시킨다. 걱정/반추 연기 연습을 과제로 실시하기 전에 거리두기 마음챙김 상태와 사고 통제의 결과를 대조시킨다.

새디는 부정적인 생각, 침투적인 기억과 이미지에 대해 거리두기 마음챙김을 실시하는 것에서 상당한 성공을 거두었다고 보고했다. 새디가 불필요하다고 느껴서 걱정/반추 지연 기간은 전혀 사용되지 않았다. 하지만 그녀는 약 40퍼센트의 침투적인 사고와 싸우고 있었으며, 이것을 그녀는 '최악의 이미지'라고 불렀다. 메타인지 프로파일링(17장 참조)을 이용해서, 이러한 생각을 기억에서 지우는 것이 그녀의 목표였고, 이러한 목표를 이룰 수 있는 방법을 찾고 있었음을 확인하였다. 즉, 가장 고통스러운 생각이 떠오르면 '이러한 이미지를 제거하는 방법을 찾기 위해서 나는 반추해야 해.'라는 메타인지 신념을 활성화하였다. 메타인지치료자는 사례개념화와 관련하여 이 전략을 논의하고, 이 전략이 역효과를 낳음을 되풀이했다. 새디에게 최악의 심상을 머

릿속에 가져와서 거리두기 마음챙김을 실시하도록 요청했다. 놀
랍게도 새디는 이러한 연습에 반응해서 불안을 짧게 경험하였
으며, 그 생각이 빠르게 사라지는 것을 느꼈다. 그녀에게 숙제로
거리두기 마음챙김을 계속 하고 원하지 않는 모든 생각에 걱정/
반추 연기를 적용하도록 격려하였다.

　치료는 문제 유지에 기여하는 주의 전략을 바꾸는 것으로 옮
겨 갔다. 안전하려면 무엇에 주의를 기울여야 하는지를 새디가
어떻게 이해하고 있는지 질문했다. 그녀는 환경을 유심히 살피
고, 스스로 '안전한가?' '안전하지 않으면 어떡하지?'라고 계속 질
문하고, 이를 지지하는 근거와 반대되는 근거를 만들어 낼 필
요가 있다고 말했다. 추가 질문을 통해서 새디는 환경 내의 안
전 신호에는 주의를 기울이지 않고 있음을 깨달았다. 이는 그다
음 주에 균형 잡힌 방식으로 주의의 초점을 맞추라는 지시를 받
았을 때 완전히 증명되었다. 그녀는 운전 중에 교통 신호에 멈춰
있다가 가해자와 유사한 옷차림을 한 세 명의 젊은 남자를 보았
다. 이것은 전에는 걱정, 침투적 기억, 일련의 부적응적인 주의
전략을 유발하는 원인으로 작용했다. 대신 그녀는 환경을 좀 더
완전히 살핀 뒤에 경찰차가 있음을 알아차렸다. 이 작은 우연한
사건은 잠재적 위험 신호에만 초점을 맞추면 위험 수준을 과대
평가하게 된다는 것을 분명하게 증명해 주었다.

　메타인지치료의 마지막 부분은 나머지 긍정적인 메타인지
신념과 부정적인 메타인지 신념을 수정하는 데 초점을 맞추었
다. 새디는 재발을 크게 염려하지는 않았지만, 계획을 만들어서

가끔 실시하였다. 생각이 사라졌음을 확인하기 위해 이틀에 한 번씩 침투적인 사고가 있는지 마음을 살펴보았다. 이 전략의 역효과적인 특성을 새디와 논의했으며, '침투적인 생각이 있는지 내 마음을 확인하는 것이 나를 안전하게 만들 것이다.'라는 다른 형태의 위협 탐지를 유발하는 메타인지 신념으로 재개념화하였다. 이 전략이 생각의 빈도를 늘렸으며, 걱정의 자기 촉발적 유발인이었음을 증명함으로써 신념을 바꿀 수 있었다. 이 생각은 위협적인 느낌을 존속시키는 유지 역할도 하였다.

새디와 함께 치료 계획도 만들었는데, 이는 사례개념화를 적고, 도표로 제시하며, 침투적인 생각에 거리두기 마음챙김을 적용하는 방식을 설명하는 것으로 이루어졌다. 메타인지치료 과정에서 개선된 점을 유지하고 확장시키려는 목적과 함께, 새로운 메타인지 계획을 강화하기 위해 새디에게 치료 후에도 치료 전략을 계속해서 시행하도록 격려하였다. 이 사례를 예로 들어 설명한 치료 접근은 몇몇 연구에서 평가를 받았다.

Wells와 Sembi(2004b)는 단일 사례 시리즈에서 여덟 사례를 치료하였으며, Wells 등(2008)은 만성 외상후 스트레스 장애 사례의 개방 시험을 실시하였다. 각 사례에서 치료는 매우 크고 유의미한 증상 감소와 관련이 있었으며, 대부분의 환자가 회복되었다. Colbear(2006)는 8회기의 메타인지치료가 비처치 대기 기간에 비해서 매우 효과적이었음을 증명한 무선화 통제 시행 결과를 보고하였다. 치료 의도 분석에서, 대기 조건에서 회복된 환자가 전혀 없는 데 비해 치료 후에 메타인지치료 집단의 80퍼센

트가(사건 영향 척도상에서) 회복되었다. 최근의 무선화 통제 시
행에서, 메타인지치료가 외상후 스트레스 장애에 대한 노출치료
에 비해 우수하였다(Proctor, 2008).

160

—
결 론

이 책에서 우리는 메타인지치료의 이론적 특징과 실제에 대
해 기술하고 이 접근법을 다른 인지행동치료와 비교하였다. 메
타인지치료는 심리장애를 유지하고 강화하는 사고 통제에 대한
구체적인 이론에 기초한다. 이는 특정한 사고 유형, 정신적 조절
과 체험적 자각에 중점을 두면서 심리장애를 이해하고 치료하기
위한 독특한 이론적 · 임상적 접근을 제공한다. 이 이론은 20년
이상 경험적 연구에 의해 지지되었다. 효과적이고 효율적인 개
입으로서 개별 치료 기법과 전체 치료 패키지에 대한 경험적 지
지가 증가하고 있다(개관을 위해서는 Wells, 2009를 참조하기 바
란다).

참고문헌

Arntz, A., Rauner, M. and van den Hout, M. A. (1995). "If I feel anxious there must be danger": Ex-consequentia reasoning in inferring danger in anxiety disorders. *Behaviour Research and Therapy, 33*, 917-925.

Beck, A. T. (1976). *Cognitive Therapy and the Emotional Disorders*. New York: International Universities Press.

Beck, A. T., Emery, G. and Greenberg, R. L. (1985). *Anxiety Disorders and Phobias: A Cognitive Perspective*. New York: Basic Books.

Beck, A. T., Rush, A. J., Shaw, B. F. and Emery, G. (1979). *Cognitive Therapy of Depression*. New York: Guilford Press.

Borkovec, T. D., Wilkinson, L., Folensbee, R. and Lerman, C. (1983). Stimulus control applications to the treatment of worry. *Behavour Research and Therapy, 21*(3), 247-251.

Cavanagh, M. and Franklin, J. (2001). Attention training and hypochondriasis: A randomised controlled trial. Paper presented at the World Congress of Cognitive Therapy, Vancouver, Canada.

Clark, D. A. (2004). *Cognitive-Behavioral Therapy for OCD*. New York: Guilford Press.

Colbear, J. (2006). A randomized controlled trial of metacognitive therapy for post-traumatic stress disorder: Post treatment effects. Thesis submitted to the University of Manchester for the degree of Doctor of Clinical Psychology in the Faculty of Medical and Human Sciences.

Dimidjian, S., Hollon, S. D., Dobson, K. S., Schmaling, K. B., Kohlenberg, R. J., Addis, M. E,. Gallop, R., McGlinchey, J. B., Markely, D. K., Gollan, J. K., Atkins, D. C., Dunner, D. L. and Jacobsen, N. S. (2006). Randomized trial of behavioural activation, cognitive therapy, and antidepressant medication in the acute treatment of adults with major depression. *Journal of Consulting and Clinical Psychology, 74*, 658–670.

Dugas, M. J., Gagnon, F., Ladouceur, R. and Freeston, M. H. (1998). Generalized anxiety disorder: A preliminary test of a conceptual model. *Behaviour Research and Therapy, 36*(2), 215–226.

Ehlers, A. and Clark, D. M. (2000). A cognitive model of posttraumatic stress disorder. *Behaviour Research and Therapy, 38*, 319–345.

Ellis, A. (1962). *Reason and Emotion in Psychotherapy*. Secaucus, NJ: Lyle Stuart.

Fisher, P. L. and Wells, A. (2005). Experimental modification of beliefs in obsessive–compulsive disorder: A test of the metacognitive model. *Behaviour Research and Therapy, 43*, 821–829.

Fisher, P. L. and Wells, A. (2008). Metacognitive therapy for obsessive–compulsive disorder: A case series. *Journal of Behavior Therapy and Experimental Psychiatry, 39*(2), 117–132.

Foa, E. B. and Rothbaum, B. O. (1998). *Treating the Trauma of Rape: Cognitive Behavioral Therapy for PTSD*. New York: Guilford Press.

Gwilliam, P. D. H., Wells, A. and Cartwright–Hatton, S. (2004). Does metacognition or responsibility predict obsessive–compulsive symptoms? A test of the metacognitive model. *Clinical Psychology and Psychotherapy, 11*, 137–144.

Hanh, T. N. (1976). *The Miracle of Mindfulness: A Manual for Meditation*. Boston, MA: Beacon.

Hayes, S. C., Strosahl, K. D. and Wilson, K. G. (1999). *Acceptance and Commitment Therapy: An Experiential Approach to Behavior*

Change. New York: Guilford Press.

Ingram, R. E. and Hollon, S. D. (1986). Cognitive therapy for depression from an information processing perspective. In R. E. Ingram (ed.), *Information Processing Approaches to Clinical Psychology.* Orlando, FL: Academic Press.

Kabat-Zinn, J. (1982). An outpatient program in behavioral medicine for chronic pain patients based on the practice of mindfulness meditation: Theoretical considerations and preliminary results. *General Hospital Psychiatry, 4*(1), 33-47.

Kabat-Zinn, J. (1994). *Wherever You Go, There You Are: Mindfulness Meditation in Everyday Life.* New York: Hyperion.

Kabat-Zinn, J. (1998). Meditation. In J. C. Holland (ed.), *Psycho-oncology.* New York: Oxford University Press.

Leahy, R. L. (2007). Emotional schemas and resistance to change in anxiety disorders. *Cognitive and Behavioral Practice, 14*(1), 36-45.

Masuda, A., Hayes, S. C., Sackett, C. F. and Twohig, M. P. (2004). Cognitive defusion and self-relevant negative thoughts: Examining the impact of a ninety-year-old technique. *Behaviour Research and Therapy, 42,* 477-485.

Mathews, A. and MacLeod, C. (1985). Selective processing of threat cues in anxiety states. *Behaviour Research and Therapy, 23,* 563-569.

Myers, S. G. and Wells, A. (2005). Obsessive-compulsive symptoms: The contribution of metacognitions and responsibility. *Journal of Anxiety Disorders, 19*(7), 806-817.

Myers, S. G., Fisher, P. L. and Wells, A. (2008). Belief domains of the Obsessive Beliefs Questionnaire-44 (OBQ-44) and their specific relationship with obsessive-compulsive symptoms. *Journal of Anxiety Disorders, 22*(3), 475-484.

Nolen-Hoeksema, S. (1991). Responses to depression and their effects on the duration of depressive episodes. *Journal of Abnormal*

Psychology, 100, 569–582.

Nolen-Hoeksema, S., Morrow, J. and Fredrickson, B. L. (1993). Response style and the duration of episodes of depressed mood. *Journal of Abnormal Psychology, 102*, 20–25.

OCCWG (1997). Cognitive assessment of obsessive-compulsive disorder. *Behaviour Research and Therapy, 35*(7), 667–681.

OCCWG (2001). Development and initial validation of the obsessive beliefs questionnaire and the interpretation of intrusions inventory. *Behaviour Research and Therapy, 39*, 987–1006.

Papageorgiou, C. and Wells, A. (1998). Effects of attention training on hypochondriasis: A brief case series. *Psychological Medicine, 28*, 193–200.

Papageorgiou, C. and Wells, A. (2000). Treatment of recurrent major depression with attention training. *Cognitive and Behavioral Practice, 7*, 407–413.

Papageorgiou, C. and Wells, A. (2001). Positive beliefs about depressive rumination: Development and preliminary validation of a self-report scale. *Behavior Therapy, 32*, 13–26.

Papageorgiou, C., Wells, A. and Meina, L. J. (in preparation). Development and preliminary evaluation of the Negative Beliefs about Rumination Scale.

Proctor, D. (2008). A randomised controlled trial of metacognitive therapy versus exposure therapy for post-traumatic stress disorder. Thesis submitted to the University of Manchester for the degree of Doctor of Clinical Psychology in the Faculty of Medical and Human Sciences.

Rachman, S. (1997). A cognitive theory of obsessions. *Behaviour Research and Therapy, 35*(9), 793–802.

Roemer, L. and Orsillo, S. M. (2002). Expanding our conceptualization of and treatment for Generalized Anxiety Disorder: Integrating mindfulness/acceptance-based approaches with existing cognitive-behavioral models. *Clinical Psychology: Science and Practice, 9*(1), 54-68.

Roemer, L. and Orsillo, S. M. (2007). An open trial of an acceptance-based behavior therapy for generalized anxiety disorder. *Behavior Therapy, 38*(1), 72-85.

Salkovskis, P. M. (1985). Obsessional-compulsive problems: A cognitive-behavioural analysis. *Behaviour Research and Therapy, 23*, 571-583.

Segal, Z. V., Williams, J. M. G. and Teasdale, J. D. (2002). *Mindfulness-Based Cognitive Therapy for Depression: A New Approach to Preventin Relapse*. New York: Guilford Press.

Siegle, G. J., Ghinassi, F. and Thase, M. E. (2007). Neurobehavioral therapies in the 21st century: Summary of an emerging field and an extended example of cognitive control training for depression. *Cognitive Therapy and Research, 31*, 235-262.

Teasdale, J., Segal, Z. and Williams, J. M. G. (1995). How does cognitive therapy prevent relapse and why should attentional control (mindfulness) training help? *Behaviour Research and Therapy, 33*, 225-239.

Valmaggia, L. R., Bouman, T. K. and Schuurman, L. (2007). Attention training with auditory hallucinations: A case study. *Cognitive and Behavioral Practice, 14*(2), 127-133.

Van Oppen, P. and Arntz, A. (1994). Cognitive therapy for obsessive-compulsive disorder. *Behaviour Research and Therapy, 32*(1), 79-87.

Wells, A. (1990). Panic disorder in association with relaxation-induced anxiety: An attentional training approach to treatment. *Behavior Therapy, 21*, 273-280.

Wells, A. (1995). Meta-cognition and worry: A cognitive model of generalized anxiety disorder. *Behavioural and Cognitive*

Psychotherapy, 23, 310–320.

Wells, A. (1997). *Cognitive Therapy of Anxiety Disorders: A Practice Manual and Conceptual Guide.* Chichester: Wiley.

Wells, A. (2000). *Emotional Disorders and Metacognition: Innovative Cognitive Therapy.* Chichester: Wiley.

Wells, A. (2005). Detached mindfulness in cognitive therapy: A metacognitive analysis and ten techniques. *Journal of Rational-Emotive and Cognitive-Behavior Therapy, 23,* 337–355.

Wells, A. (2007). The attention training technique: Theory, effects and a metacognitive hypothesis on auditory hallucinations. *Cognitive and Behavioral Practice, 14,* 134–138.

Wells, A. (2009). *Metacognitive Therapy for Anxiety and Depression.* New York: Guilford Press.

Wells, A. and Cartwright–Hatton, S. (2004). A short form of the metacognitions questionnaire: Properties of the MCQ–30. *Behaviour Research and Therapy, 42,* 385–396.

Wells, A. and King, P. (2006). Metacognitive therapy for generalized anxiety disorder: An open trial. *Journal of Behavior Therapy and Experimental Psychiatry, 37,* 206–212.

Wells, A. and Matthews, G. (1994). *Attention and emotion: A clinical perspective.* Hove: Erlbaum.

Wells, A. and Matthews, G. (1996). Modelling cognition in emotional disorder: The S–REF model. *Behaviour Research and Therapy, 34,* 881–888.

Wells, A. and Papageorgiou, C. (1998). Social phobia: Effects of external attention on anxiety, negative beliefs and perspective taking. *Behavior Therapy, 29,* 357–370.

Wells, A. and Papageorgiou, C. (2004). Metacognitive therapy for depressive rumination. In C. Papageorgiou and A. Wells (eds.), Depressive Rumination: Nautre, *Theory and Treatment* (pp. 259–

273). Chichester: Wiley.

Wells, A. and Sembi, S. (2004a). Metacognitive therapy for PTSD: A preliminary investigation of a new brief treatment. *Journal of Behavior Therapy and Experimental Psychiatry, 35*, 307–318.

Wells, A. and Sembi, S. (2004b). Metacognitive therapy for PTSD: A core treatment manual. *Cognitive and Behavioural Practice, 11*, 365–377.

Wells, A. Welford, M., Fraser, J., King, P., Mendel, E., Wisely, J., Knight, A. and Rees, D. (2008). Chronic PTSD treated with metacognitive therapy: An open trial. *Cognitive and Behavioral Practice*.

Wells, A., White, J. and Carter, K. (1997). Attention training: Effects on anxiety and beliefs in panic and social phobia. *Clinical Psychology and Psychotherapy, 4*, 226–232.

Wilhelm, S. and Steketee, G. (2006). *Cognitive Therapy for Obsessive-Compulsive Disorder: A Guide for Professionals*. Oakland: New Harbinger Publications.

Williams, J. M. G., Watts, F. N., MacLeod, C. and Mathews, A. (1988). *Cognitive Psychology and Emotional Disorders*. Chichester: Wiley.

찾아보기

▎인명▎

B
Beck, A. T. 19, 20, 22, 107
Borkovec, T. D. 123

C
Clark, D. A. 108
Colbear, J. 158

E
Ellis, A. 19

F
Fisher, P. L. 146

H
Hollon, S. D. 87

I
Ingram, R. E. 87

K
Kabat-Zinn, J. 133

M
Matthews, A. 20, 23

O
Orsillo, S. M. 134

R
Rachman, S. 35
Roemer, L. 134

S
Salkovskis, P. M. 35
Sembi, S. 158
Steketee, G. 83

W
Wells, A. 20, 23, 34, 125, 128,
141, 146, 158
Wilhelm, S. 83

┃내 용┃

저자 소개

피터 피셔(Peter Fisher)
리버풀 대학교의 임상심리학 교수이자 맨체스터 정신건강 및
사회복지 위탁단체의 임상심리학자다.

아드리안 웰스(Adrian Wells)
맨체스터 대학교의 임상 및 실험 정신병리학 전공 교수이자
트론헤임에 있는 노르웨이 대학교의 임상심리학 교수다.

역자 소개

정지현(Jung Ji Hyun)
서울대학교 심리학과 석사 · 박사(임상 · 상담 심리학 전공)

현 서울불교대학원대학교 상담심리학과 교수
　　임상심리전문가(한국임상심리학회)
　　상담심리사 1급(한국상담심리학회)
　　정신보건임상심리사 1급(보건복지부)

COGNITIVE
BEHAVIOR
THERAPIES

메타인지치료
Metacognitive Therapy _____

2016년 9월 20일 1판 1쇄 발행
2021년 4월 20일 1판 3쇄 발행

지은이 • Peter Fisher · Adrian Wells
옮긴이 • 정지현
펴낸이 • 김진환
펴낸곳 • (주) **학지사**
         04031 서울특별시 마포구 양화로 15길 20 마인드월드빌딩
대표전화 • 02)330-5114   팩스 • 02)324-2345
등록번호 • 제313-2006-000265호

홈페이지 • http://www.hakjisa.co.kr
페이스북 • https://www.facebook.com/hakjisabook

ISBN 978-89-997-1081-0 93180

정가 13,000원

이 도서의 국립중앙도서관 출판시도서목록(CIP)은 서지정보유통지
원시스템 홈페이지(http://seoji.nl.go.kr)와 국가자료공동목록시스템
(http://www.nl.go.kr/kolisnet)에서 이용하실 수 있습니다.
(CIP 제어번호: CIP2016021102)

출판 · 교육 · 미디어기업 **학지사**

간호보건의학출판 **학지사메디컬** www.hakjisamd.co.kr
심리검사연구소 **인싸이트** www.inpsyt.co.kr
학술논문서비스 **뉴논문** www.newnonmun.com
원격교육연수원 **카운피아** www.counpia.com